Erich Purk · Suchen und Finden

Erich Purk

Suchen und Finden

Der spirituelle Fastenbegleiter

 kbw bibelwerk

Allen Freunden und Bekannten möchte ich danken, die ihre Erfahrung mit dem Suchen und Finden so offen beschrieben haben. Auch möchte ich Monika Ciravegna und Renate Ostrop für die engagierte Begleitung und für die Lesung der Korrekturen danken.

www.bibelwerk.de

ISBN 978-3-460-27148-7

Alle Rechte vorbehalten.
© 2013 Verlag Katholisches Bibelwerk GmbH, Stuttgart

Alle Bibeltexte: Einheitsübersetzung der Heiligen Schrift
© 1980 Katholische Bibelanstalt GmbH, Stuttgart

Umschlaggestaltung: Finken & Bumiller, Stuttgart
Titelbild: © Aboutpixel.de, stormpic
Satz und Repro: Olschewski Medien GmbH, Stuttgart
Gedruckt in der Tschechischen Republik

Inhaltsverzeichnis

Vorwort

„Wenn Kinder klein sind, gib ihnen Wurzeln, wenn sie groß sind, Flügel", sagt ein Sprichwort aus China. Viele Menschen suchen heute nach einem Fundament, das trägt, suchen ein Zuhause, wo sie geborgen sind. Aber nicht Heimat, sondern Durchreise, nicht Aufenthalt, sondern Transit kennzeichnen diese Welt. Dabei wächst die psychische Obdachlosigkeit. Viele sind verunsichert. Vielleicht stimmt die Behauptung: „Suchen" sei das wichtigste Wort des 21. Jahrhunderts. Oft wird gesagt: „So kann es nicht weitergehen!" Aber die Wege in die Zukunft müssen wir noch intensiver suchen – und finden.

Wir erleben viele kollabierende Systeme. Selbst das Geld ist nicht mehr sicher. Man zweifelt, ob jemand mit großen Bankrücklagen ruhiger schlafen kann. Die Natur rächt sich für die Ausbeutung mit Stürmen und Überschwemmungen; alle weltweiten Vereinbarungen schaffen es nicht, das Wachsen des Ozonlochs aufzuhalten. Auch die „Zeit" ist ein kollabierendes System. Trotz aller Planungen und zeitsparender Hilfsmittel klagen fast alle über Zeitmangel. Mit Wellness und mehr Pausen allein verhindern wir den Burnout nicht.

Viele Zeitgenossen möchten aussteigen. In diesem Buch beschreiben einige ihre Situation. Die Suche nach dem neuen Lebensstil, die Suche nach einem Lebensweg, der Sinn und Erfüllung schenkt, treibt sie alle. Auf Pilgerwegen nach Santiago de Compostela, in Klöstern, in der Begegnung mit Behinderten oder im Gehen auf dem uralten Labyrinth von Chartres finden sie die Antworten, die sie suchen. Und immer vertrauen sie darauf, dass Gott sie begleitet und nicht verlässt. „Liebe deine Geschichte", sagt Leo Tolstoi, „Sie ist der Weg, den Gott mit dir geht." So finden sie in dieser globalen Welt einen festen Halt:

„Muss ich auch wandern in finsterer Schlucht, ich fürchte kein Unheil; denn du bist bei mir" (Ps 23,4).

Christen bekennen sich zu einem Gott, der ein leidenschaftliches Interesse an uns Menschen hat. Religion ist das Suchen des Menschen nach Gott. Jesus Christus ist das Suchen Gottes nach dem Menschen. Wir werden Gott nicht begreifen und nicht erfassen, aber er selbst wird sich zeigen. Es ist überraschend, wie oft Gott sich heute in verunsicherten Zeiten durch Zeichen bemerkbar macht. Es geht um den Menschen mit seinen Freuden und Hoffnungen, mit seiner Trauer und Angst, ganz besonders um die Armen und Bedrängten.

Dieses Buch möchte ermutigen, den Wandel nicht zu scheuen. So wichtig die Wurzeln sind. Christen sind keine „Nesthocker", sondern Menschen des Weges. Das 2. Vatikanische Konzil machte vor 50 Jahren den Gläubigen Mut, sich den Herausforderungen der Gegenwart zu stellen, um ihr eigenes Leben und das Leben der Gesellschaft aus dem Glauben heraus zu gestalten. Es forderte alle Glieder der Kirche auf, sich selbstbewusst und ohne innere Vorbehalte mit den Fragen der Gesellschaft und der Kultur zu beschäftigen (Die deutschen Bischöfe, 2012). Die Konzilsväter sprachen sogar von der „Pflicht, nach den Zeichen der Zeit zu forschen und sie im Lichte des Evangeliums zu deuten".

Ihr
Pater Erich Purk

Suche nach Erfüllung

1. Tag · Aschermittwoch

In der Entbehrung wächst das Verlangen

Wort der Schrift

Dort werdet ihr den Herrn, deinen Gott, wieder suchen. Du wirst ihn auch finden, wenn du dich mit ganzem Herzen und mit ganzer Seele um ihn bemühst. Wenn du in Not bist, werden alle diese Worte dich finden. In späteren Tagen wirst du zum Herrn, deinem Gott, zurückkehren und auf seine Stimme hören. Denn der Herr, dein Gott, ist ein barmherziger Gott. Er lässt dich nicht fallen und gibt dich nicht dem Verderben preis. (Dtn 4,29-31)

Wort zum Tag

„Fastenzeit" hat für mich einen besonderen Klang. Die Fastenzeit, die 40 Tage zwischen Aschermittwoch und Ostern, ist für mich die Einladung, den Blick nach innen zu richten, denn „der Mensch lebt nicht vom Brot allein". Das ist der Sinn der Fastenzeit: Freiwillig Verzicht zu leisten, damit die Sehnsucht meines Herzens nicht unter dem Müll des Konsums begraben wird. Den Hunger und den Durst meiner Seele nach Spiritualität möchte ich in den 40 Tagen bis zum Osterfest spüren. Denn ich bin auf der Suche, die harte Kruste oberflächlicher Befriedigungen zu durchbrechen und die echten Lebensquellen neu zu entdecken. Ich möchte in dieser Fastenzeit versuchen, brachliegende Kräfte in mir freizulegen. Ich möchte versuchen, Götzen zu entlarven, die meinen Durst und Lebenshunger mit billiger Nahrung abspeisen. Ich möchte entdecken, wo mein Streben fehlgelenkt wird.

Rätselhafter Mensch: Nach den tollen Tagen des Karnevals lässt er sich Asche auf sein Haupt streuen. Rätselhafter Mensch: Gesättigt mit Lust und Sinnenfreude, ist er wieder offen für Fasten und Verzicht. Ratloser Mensch, der befürchtet, dass sein Optimismus doch nur ein Betäubungsmittel ist. Deshalb ist es weise, die Fastenzeit zu nutzen, um die Bilanz zu überprüfen und nicht vor sich selbst wegzulaufen.

Umkehren, sich bekehren heißt die Herausforderung der österlichen Bußzeit. Fasten und Verzichten sind eine Art „Katalysator", durch den erstaunliche Wandlungsprozesse ausgelöst werden. Fasten ist für mich ein wichtiger Weg, um frei zu werden. In einer übersättigten Konsumgesellschaft versucht man nicht nur mit dem Übergewicht, sondern auch mit dem Überdruss fertig zu werden. Durch Fasten will man das Gewicht reduzieren, den Körper entschlacken und entgiften und die Sinne neu wecken. All dies ist eine Frucht des Fastens.

Wenn wir uns mit ganzem Herzen bemühen, werden wir Quellen entdecken, die unserem Leben neue Impulse geben. Die Bibel verspricht uns: „Du wirst den Herrn, deinen Gott, wieder suchen. Du wirst ihn auch finden, wenn du dich mit ganzem Herzen und mit ganzer Seele um ihn bemühst."

Wort durch den Tag
„Weniger ist mehr" – das war der Titel des ersten Fastenbegleiters, den ich im Jahr 2002 veröffentlichte. Oft habe ich gehört, dass Menschen im Gespräch sagten: Weniger ist mehr! Ein gutes Motto für die Fastenzeit.

Weniger essen, mehr Geschmack
Weniger Konsum, mehr Freiheit
Weniger Angst, mehr Vertrauen
Weniger Termine, mehr Freizeit
Weniger Ablenkung, mehr Besinnung
Weniger hasten, mehr Atempausen
Weniger reden und mehr hinhören
Weniger Lärm, mehr Stille

Suche nach erfülltem Leben

Wort der Schrift
Den Himmel und die Erde rufe ich heute als Zeugen gegen
euch an. Leben und Tod lege ich dir vor, Segen und Fluch.
Wähle also das Leben, damit du lebst, du und deine
Nachkommen. (Dtn 30,19)

Wort zum Tag
„Wähle also das Leben, damit du lebst, du und deine Nach-
kommen", sagt das Buch Deuteronomium im 30. Kapitel.
Aber können wir so einfach wählen? Eine große Zahl von
Faktoren bestimmt unser Leben. Wie lebenswert ist das
Leben eigentlich?

Vor Kurzem sagte mir eine achtzig Jahre alte Frau: „Ich habe
wirklich gelebt." Sie erzählte von ihren Erfahrungen, von
ihrem Beruf und den Früchten ihrer Arbeit. Sie erzählte von
ihren Kindern, auf die sie stolz war. Sie erzählte von den
schweren Kriegsjahren, von den Stunden der Verzweiflung,
als ihr Mann fiel. „Das ist mein Leben. Auch durch die Not
bin ich gereift. Ich habe wirklich gelebt."

Wir möchten leben. Dieser Wunsch ist ganz stark in uns.
Doch es bleibt die Sorge, dass wir das Leben verpassen
könnten. Es gibt den Verdacht, dass alles Täuschung ist:
Leben am Leben vorbei, Leben aus zweiter Hand. Die
Werbung verspricht uns, wir könnten das Glück kaufen, die
Fülle des Lebens. Doch wir sind nur Konsumenten, längst
verplant zu festen Preisen. Die Gesichter der Menschen spie-

geln diese Sehnsucht nach erfülltem Leben. Alle Welt trägt einen Wunsch in sich, viele Wünsche, eine Unendlichkeit von Wünschen: noch ein Gläschen, noch ein Stück Kuchen, noch ein Kuss, noch eine Reise. Alle Gesichter sind gezeichnet von diesem Hunger.

Die Zahl derer wächst, die ausbrechen möchten. Alternative Lebensformen werden gesucht, um dem eigentlichen, dem ursprünglichen Leben auf die Spur zu kommen. Doch was heißt leben?

Ein alter Mönch unterhielt sich mit einigen jungen Leuten, darunter auch mit dem jungen Mann Robert. Der Mönch wollte von Robert wissen: „Welches sind Ihre Zukunftspläne?" „Ich möchte schnellstens mit dem Jurastudium beginnen", antwortete der Abiturient. „Und dann?", fragte der Mönch. „Nun, dann möchte ich eine Rechtsanwaltspraxis eröffnen, später möchte ich heiraten und eine Familie gründen." „Und dann, Robert?" „Um ehrlich zu sein", antwortete der junge Mann, „ich möchte recht viel Geld verdienen, mich möglichst früh zur Ruhe setzen und viele fremde Länder besuchen. Das habe ich mir früher immer gewünscht." „Und dann?", fragte der Mönch in fast unhöflicher Beharrlichkeit. „Mehr Pläne habe ich im Augenblick nicht", entgegnete Robert. Der Mönch sah ihn an und sagte: „Ihre Pläne sind viel zu klein. Sie reichen ja höchstens für fünfundsiebzig oder achtzig Jahre! Ihre Pläne müssen groß genug sein, um auch Gott einzuschließen, und weit genug, um auch die Ewigkeit zu umfassen."

Der Mensch ist für die Ewigkeit erschaffen. Er ist keine Eintagsfliege, deren Stunden gezählt sind. In ihm ist eine unendliche Sehnsucht. Wir schauen über den Tellerrand unserer kleinlichen Wünsche. Wir durchbrechen den Horizont unserer alltäglichen Sorgen. Und wir ahnen, dass etwas Größeres in uns schlummert, das wir nie in siebzig oder achtzig Jahren befriedigen können. Unsere Pläne müssen groß genug sein, um Gott einzuschließen. Sie müssen weit genug sein, um die Ewigkeit zu umfassen.

Wort durch den Tag

Der Sesshafte richtet sich ein und macht es sich daheim gemütlich. Er wird unbeweglich und liebt keine Veränderungen. Bin ich am Anfang der Fastenzeit bereit, mich selbst in Frage zu stellen und mich auf Veränderungen einzulassen? Wie beweglich bin ich noch? Verteidige ich nur meine „Besitzstände"? Franz von Assisi sagte am Ende seines Lebens zu seinen Brüdern: „Nun lasst uns endlich anfangen!"

Unruhig ist unser Herz

Wort der Schrift
Dann können wir aufbrechen und uns auf die Reise machen.
So werden wir am Leben bleiben und nicht sterben. (Gen 43,8)

Wort zum Tag
„Kaum ist ein Wunsch erfüllt, bekommt er augenblicklich Junge", so schrieb Wilhelm Busch. Wir kommen nicht zur Ruhe. „Suchen" ist uns angeboren. Jahwe verlangt von Israel, immer wieder aufzubrechen. „Dann können wir aufbrechen und uns auf die Reise machen. So werden wir am Leben bleiben und nicht sterben" (Gen 43,8). Wir können uns nicht bei den „Fleischtöpfen Ägyptens" zur Ruhe setzen. Exodus – Aufbruch ist nicht nur ein wichtiger Begriff für alle Religionen. Er ist eine existenzielle Wirklichkeit unseres Lebens überhaupt. Wäre Israel in Ägypten sesshaft geworden und hätte das Volk die Strapazen der Wüstenwanderung mit den vielen Entbehrungen verweigert, dann wäre es ein Sklavenvolk geblieben.

Wir sind wie Zugvögel, die, an einem fremden Ort geboren, in sich die geheimnisvolle Unruhe empfinden und den Ruf des Blutes, immer neu aufzubrechen. Diesem Ruf können wir nicht entfliehen. In allem, was wir tun und erstreben, kommen wir nicht zum Ziel. „Unruhig ist unser Herz, bis es ruht in Gott", formulierte Augustinus schon im 4. Jahrhundert.

Mir gefällt ein Vergleich, den Christian Morgenstern so beschreibt: „Ich bin wie eine Brieftaube, die man vom Urquell der Dinge in ein fernes Land getragen und dort freigelassen hat. Sie trachtet ihr ganzes Leben nach der einstigen Heimat, ruhelos durchmisst sie das Land nach allen Seiten. Und oft fällt sie zu Boden in ihrer großen Müdigkeit, und man kommt, hebt sie auf und pflegt sie und will sie ans Haus gewöhnen. Aber sobald sie die Flügel nur wieder fühlt, fliegt sie von Neuem fort, auf die einzige Fahrt, die ihrer Sehnsucht genügt, die unvermeidliche Suche nach dem Ort ihres Ursprungs."[1]

Wir leben, um das Leben zu suchen. Wir leben aus dem Durst nach Unendlichkeit. Jeder Mensch wird mit einem unerschöpflichen Vorrat an Liebe geboren. Da behauptet der Liebende: Ich liebe dich grenzenlos. Aber der Mensch, den er liebt, ist begrenzt. Der Tod ist dabei die deutlichste Grenze. Doch die Liebe überschreitet diese Grenze. Lieben heißt: sagen „Du darfst nicht sterben!" So ist die Unendlichkeit mit bejaht, mit eingeschlossen in jedem Zeichen der Liebe. „Wenn du also leben willst, wage zu lieben."

Wort durch den Tag
Unruhe ist heilsam. Zufriedenheit ist trügerisch. In mir liegt vieles brach, das ans Licht kommen möchte. In der Fastenzeit sehe ich die Möglichkeiten, Neues zu wagen. Ich erbitte mir den Mut, eine Tür zu öffnen bei all den verschlossenen Türen meines Lebens. Jetzt entscheidet sich, worauf es ankommt. Jetzt, nicht später, nicht irgendwann. „Morgen ist auch noch ein Tag!" Sicher, aber so kann ich alles aufschieben, vertagen. Jetzt gilt es! Wie oft habe ich Chancen ausgelassen und günstige Gelegenheiten verpasst? „Jetzt ist die Zeit der Gnade, jetzt ist der Tag des Heils", schreibt Paulus (2 Kor 6,2).

Auch Gott sucht dich

Wort der Schrift

Denn Gott hat die Welt so sehr geliebt, dass er seinen einzigen Sohn hingab, damit jeder, der an ihn glaubt, nicht zugrunde geht, sondern das ewige Leben hat. Denn Gott hat seinen Sohn nicht in die Welt gesandt, damit er die Welt richtet, sondern damit die Welt durch ihn gerettet wird. (Joh 3,16-17)

Wort zum Tag

„Um unseres Heiles willen ist er vom Himmel herabgestiegen", heißt es im Glaubensbekenntnis. Gott thront nicht fern über Wolken. Er hat ein leidenschaftliches Interesse an uns Menschen. Heilsgeschichte ist eine Sehnsuchts-Geschichte Gottes nach uns. Heilsgeschichte ist eine Liebeserklärung Gottes an uns Menschen.

Was können wir als Christen gegen Hartherzigkeit und Herzlosigkeit machen? Was gegen die universale Gleichgültigkeit? Gut gemeinte Sprüche wie „Seid nett zueinander!" helfen uns nicht weiter. Wenn ich die Bibel richtig verstanden habe, dann ist der Gott, den sie verkündet, keine kalte, stumme Himmelsmacht, kein Gott auf Distanz, fern über Wolken.

Gott schließt einen Bund mit seinem Volk. Er macht sich verletzbar in seiner Liebe. Er leidet am Abfall des Volkes. Er ist sogar eifersüchtig. Als Theologiestudent fand ich die Vorstellung von einem Gott, der eifersüchtig und zornig ist, allzu menschlich. Ich meinte, man müsste das Gottesbild von

diesen anthropomorphen Bildern reinigen. Der transzenden-
te, abstrakte Gottesbegriff schien mir der Wirklichkeit mehr
zu entsprechen. Später habe ich begriffen, dass solche
Theorien und Abstraktionen den Glauben verkümmern lassen. Heute höre ich gerne andere Worte und nehme sie in
mir auf. Jahwe spricht: „Kann denn eine Frau ihr Kindlein vergessen, eine Mutter ihren leiblichen Sohn? Und selbst wenn
sie ihn vergessen würde: Ich vergesse dich nicht" (Jes 49,15;
vgl. 1 Kön 3,26; Jer 31,20).

Heilsgeschichte ist die Beziehungsgeschichte Gottes mit uns
Menschen. Am Anfang zeigt er sich im brennenden Dorn-
busch. Aus dem Feuer, das brannte und nicht verbrannte,
offenbart er seinen Namen für alle Generationen: „Ich bin der
‚Ich-bin-da'" (Ex 3,14). Jahwe ist ein Gott, der sich einlässt auf
unsere Geschichte. Der Schrei der Geknechteten und
Gequälten dringt an sein Ohr. Das lässt ihn nicht gleichgültig.
Im Buch Exodus (3,7-8) heißt es: „Der Herr sprach: Ich habe
das Elend meines Volkes in Ägypten gesehen und ihre laute
Klage über ihre Antreiber habe ich gehört. Ich kenne ihr Leid.
Ich bin herabgestiegen, um sie der Hand der Ägypter zu ent-
reißen und aus jenem Land hinaufzuführen in ein schönes,
weites Land, in ein Land, in dem Milch und Honig fließen."
Ist das nicht eine wichtige Zusage auch für unsere Zeit: ein
Gott, der an unserer Not Anteil nimmt; ein Gott als Weg-
begleiter durch alle Höhen und Tiefen des Lebens, der uns
nicht im Stich lässt; ein Gott, der ein leidenschaftliches
Interesse an uns hat?

Papst Benedikt XVI. hat die Leidenschaft Gottes zu uns in sei-
ner ersten Enzyklika so zusammengefasst: „Schon im Alten
Testament besteht das biblisch Neue nicht einfach in
Gedanken, sondern in dem unerwarteten und in gewisser

Hinsicht unerhörten Handeln Gottes. Dieses Handeln Gottes nimmt seine dramatische Form nun darin an, dass Gott in Jesus Christus selbst dem ‚verlorenen Schaf', der leidenden und verlorenen Menschheit, nachgeht. Wenn Jesus in seinen Gleichnissen von dem Hirten spricht, der dem verlorenen Schaf nachgeht, von dem Vater, der auf den verlorenen Sohn zugeht und ihn umarmt, dann sind dies alles nicht nur Worte, sondern Auslegungen seines eigenen Seins und Tuns. In seinem Tod am Kreuz vollzieht sich jene Wende Gottes gegen sich selbst, in der er sich verschenkt, um den Menschen wieder aufzuheben und zu retten – Liebe in ihrer radikalsten Form. Diesem Akt der Hingabe hat Jesus bleibende Gegenwart verliehen durch die Einsetzung der Eucharistie während des Letzten Abendmahles."[2]

Wenn unsere Generation unter Gleichgültigkeit und Distanz leidet, dann müssen wir die alten Quellen wiederentdecken, die von einem Gott sprechen, der wie ein Vater im Himmel ist und uns alle zu Schwestern und Brüdern macht. In diesem Satz liegt die Begründung für den Traum von einer geschwisterlichen Welt.

Wort durch den Tag
Bedenken Sie heute folgende Aussage: Religion ist das Suchen des Menschen nach Gott. Jesus ist das Suchen Gottes nach dem Menschen.

*Suche nach dem
neuen Lebensstil*

Entschleunigung

Wort der Schrift
Denn so spricht der Herr, der Heilige Israels: Nur in Umkehr
und Ruhe liegt eure Rettung, nur Stille und Vertrauen verleihen euch Kraft. (Jes 30,15)

Wort zum Tag
„Zu viel". Fast jeder spürt die Überforderung. In vielen Lebensbereichen werden wir von Terminen gehetzt. Unser Leben
bewegt sich zwischen „Marktplatz" und „Wüste". „Aber nur wer
in der Wüste daheim ist, hat auf dem Marktplatz etwas anzu-
bieten" (Kardinal Hume).

Wir entwickeln Chronometer, die in Millionen Jahren nur
Bruchteile von Sekunden an Genauigkeit verlieren. Wir haben
viele Hilfsmittel, die man uns mit dem Zauberwort „Zeiter-
sparnis" verkauft. Unsere Lebenszeit nimmt um Jahrzehnte zu.
Und doch hat keiner Zeit. Die Grundmelodie, die durch unsere Tage klingt, ist: „Jetzt habe ich keine Zeit!"
„In Zeitnot geraten, wie in ein Netz, ist der Mensch, atemlos
hetzt er durch sein Leben und wischt sich den Schweiß. Ein
Fluch des Jahrhunderts ist diese Eile", beginnt ein Gedicht
des russischen Dichters Jewtuschenko.[3] Ist das unsere Be-
findlichkeit im Umgang mit der Zeit?
Warum diese Hast und Eile? Warum hat keiner mehr Zeit?
Warum leiden wir unter Termindruck und Zeitmangel? Wir
beschleunigen unser Tempo und arbeiten immer effektiver.
Wir verdichten die Zeit und quetschen sie aus. Beim Kochen
telefonieren wir, essen bei der Arbeit und nehmen das Han-

dy mit zur Toilette. Wir verursachen den Tempowahn und werden dabei zu Opfern. In Hast und Eile wird alles oberflächlich, auch unsere menschlichen Beziehungen. Wir treffen uns oft, begegnen uns selten. Wir sehen uns nicht mehr an und laufen aneinander vorbei.

„Es wird ganz eilig gezecht und ganz eilig geliebt, ganz tief sinkt die Seele dabei, man martert ganz eilig, vernichtet ganz eilig, ganz eilig sind später Reue und Buße vorbei", meint Jewtuschenko. Die Hektik höhlt uns aus; sie lässt uns nur die Oberfläche der Dinge erleben; wir „veräußerlichen". Die Hektik ist der Feind der menschlichen Beziehung. Sie raubt uns die Fähigkeit, tief zu erleben und zu fühlen, beieinander zu verweilen, füreinander da zu sein. Sie raubt uns die Fähigkeit zu lieben.

Manche suchen die Entlastung in der „Unterbrechung". Wir brauchen Atempausen, wenn wir vernünftig leben wollen. Die Unterbrechung ist ein Grundgesetz des Lebens. Jeder Atemzug braucht im Ein- und Ausatmen eine Unterbrechung. Jeder Herzschlag findet einen Rhythmus durch die Unterbrechung. Musik unterscheidet sich vom Krach und Lärm durch die Pausen. Martin Buber schreibt: „Die Hälfte der Musik sind Pausen." Durch schöpferische Pausen und Unterbrechungen können wir die Banalität des Alltags ertragen.

Hört man auf die Ratschläge und Empfehlungen der Zeitmanager, müsste man das Problem mit der Zeit doch eigentlich lösen können. Doch hört man auf die Zeitforscher, dann verlangt die Zukunft noch mehr Einübung. Die Probleme mit der Zeit haben heute eine neue Qualität erreicht. Es geht nicht mehr darum, seine Zeit gewinnbringend zu managen. Die Mobilität ist so groß und die Geschwindigkeit der Veränderungen so rapid, dass der Hintergrund unseres Lebens verschwimmt. Wir haben keine festen Orientierungspunkte mehr. Wir sind „Simultanten" geworden, die zur gleichen Zeit immer Mehrfaches tun. Wir fahren Auto, hören Musik und schließen mit dem Handy einen Kaufvertrag ab. Hartmut Rosa, ein Zeitforscher[4], fordert eine neue Askese. Wir brauchen feste „Ankerplätze" im weiten Meer der Zeit.

Einen Grund für den Beschleunigungswahnsinn sieht Hartmut Rosa in unserem Wirtschaftssystem. „Zeit ist Geld", lautet die Kurzformel. Wer Erfolg will, muss schnell sein. „Die Moderne lässt sich durch das Gefühl der knappen, davoneilenden Zeit definieren", sagt Rosa. Das Tempo des Wandels wird immer schneller. Es wird also immer schwieriger, auf dem Laufenden zu bleiben. Viele fühlen sich überfordert.
„Beharrlichkeit ist im Leben absolut wichtig", meint Harmut Rosa. Wir müssen Ankerpunkte setzen. Die Situationen müssen wiedererkennbar sein und sich wiederholen. Stabile Orte sind wichtig, wo wir zuhause sind. Wir brauchen etwas, woran wir uns im Sturm festhalten. Das kann die Familie oder der Freund sein. Das können Rituale am Morgen und Abend sein, Joggen oder der Gottesdienstbesuch am Sonntag. Entschleunigungspraktiken, an denen wir kompromisslos festhalten müssen.

Wort durch den Tag
Gelingt es mir heute zu sagen: Ich habe jetzt Zeit für mich …
Ich habe jetzt Zeit für dich …?

6. Tag · Dienstag in der 1. Fastenwoche

„Ruht ein wenig aus!"

Wort der Schrift

Die Apostel versammelten sich wieder bei Jesus und berichteten ihm alles, was sie getan und gelehrt hatten. Da sagte er zu ihnen: Kommt mit an einen einsamen Ort, wo wir allein sind, und ruht ein wenig aus. Denn sie fanden nicht einmal Zeit zum Essen, so zahlreich waren die Leute, die kamen und gingen. Sie fuhren also mit dem Boot in eine einsame Gegend, um allein zu sein.

Aber man sah sie abfahren und viele erfuhren davon; sie liefen zu Fuß aus allen Städten dorthin und kamen noch vor ihnen an. Als er ausstieg und die vielen Menschen sah, hatte er Mitleid mit ihnen; denn sie waren wie Schafe, die keinen Hirten haben. Und er lehrte sie lange. (Mk 6,30-34)

Wort zum Tag

Manchmal hilft es mir, wenn ich mich frage: Wie hätte Jesus geantwortet? Was hätte er getan? Wie hätte er das Problem gelöst? Welche Prioritäten hätte Jesus gesetzt? Mir scheint, diese wenigen Zeilen enthalten eine klare Wegweisung für den Umgang mit der Zeitnot auch in unseren Tagen. Oft habe ich diesen Text meditiert, mit Kleingruppen im Schriftgespräch ausgelegt, in der Predigt verkündigt.

Immer ist es das gleiche Problem, damals zur Zeit Jesu wie auch heute. Das kennen wir doch: „Sie fanden nicht einmal Zeit zum Essen, so zahlreich waren die Leute, die kamen und gingen." Den Mut möchte ich haben, Arme und Kranke stehen zu lassen, ins Boot zu steigen, um die Insel der Ruhe zu suchen.

Jesus hatte seine Freunde losgeschickt – zu zweit, um das Reich Gottes zu verkündigen. Ein gewagtes Experiment. Aber er hatte es ihnen zugetraut. Jetzt kamen sie zurück voller Erlebnisse. Jetzt brauchten sie einen Ort der Klausur, um nachzudenken, ob ihre Sendung gelungen war. Jetzt brauchten sie Jesus.

Er aber war beschäftigt. Jesus spürte den Konflikt. Da waren die Kranken, die am Ufer des Sees standen. Da waren die Apostel, die ein Recht auf seine Zeit und sein Interesse hatten. Wie hat er das Problem gelöst?

Es ist sicher nicht einfach, die richtigen Prioritäten zu setzen. Jesus vergisst seine Freunde nicht. Die vielen Menschen, die ihn bedrängen, müssen warten. Er steigt mit seinen Jüngern in das Boot und fährt an das andere Ufer des Sees.
Für einen Augenblick, solange sie übersetzen, sind sie mit Jesus allein im Boot. Aber am anderen Ufer warten schon wieder viele Menschen, die „wie Schafe ohne Hirten" sind. Jesus lässt sich stören. Das gehört auch dazu: dass wir uns immer wieder stören lassen.

Und wie setze ich heute die richtigen Prioritäten? Eine Hilfe war und ist mir immer das höchste Gebot: „Liebe Gott aus ganzem Herzen und deinen Nächsten wie dich selbst." – Eine Zeit für Gott, eine Zeit für den Nächsten, aber auch eine Zeit für mich selbst! – Das richtige Maß zu finden, ist das Kunststück meines Lebens.

Ein kleines Boot wünsche ich mir manchmal, mit dem ich dem Ufer der Betriebsamkeit entfliehen kann. Eine Insel der Ruhe möchte ich entdecken inmitten der tosenden, schäumenden See. Einen Menschen möchte ich an meiner Seite haben, der wörtlich zu mir sagt: „Komm mit an einen einsamen Ort, wo wir allein sind, und ruh ein wenig aus!"

Wort durch den Tag

Lassen Sie bitte einige Sätze auf sich wirken aus einem Brief aus dem 12. Jahrhundert, den Bernhard von Clairvaux an Papst Eugen III. geschrieben hat:

„Es ist viel klüger, Du entziehst Dich von Zeit zu Zeit Deinen Beschäftigungen, als dass sie Dich ziehen und Dich nach und nach an einen Punkt führen, an dem Du nicht landen willst. Du fragst, an welchen Punkt? An den Punkt, wo das Herz hart wird ... Ja, wer mit sich selbst schlecht umgeht, wem kann der gut sein? Denk also daran: Gönne Dich Dir selbst."

7. Tag · Mittwoch in der 1. Fastenwoche

Von der Leistung zur Gnade

Wort der Schrift
Doch durch Gottes Gnade bin ich, was ich bin, und sein gnädiges Handeln an mir ist nicht ohne Wirkung geblieben. Mehr als sie alle habe ich mich abgemüht – nicht ich, sondern die Gnade Gottes zusammen mit mir. (1 Kor 15,10)

Wort zum Tag
Wie oft habe ich in seelsorglichen Gesprächen gehört: „Es wird mir alles zu viel!" Wie oft haben wir über Burnout gesprochen. Dann habe ich in der Internetsuchmaschine Google das Wort „Leistungsdruck" eingegeben. Ich glaubte, jetzt wird die Überlastung der Berufstätigen, der Eltern, der Manager beschrieben. Was fand ich aber? Das Stichwort „Leistungsdruck bei Kleinkindern und Schülern".

Der Erziehungswissenschaftler Wolfgang Bergmann, Leiter des Hannoveraner Instituts für Kinderpsychologie und Lerntherapie, schreibt in seinem Buch „Lasst eure Kinder in Ruhe!": „Schau mal, der Daniel schreibt schon so schön das Z und du bist erst beim E', spornt die verunsicherte Mama mit sanftem Tadel ihren Kevin an, ,dabei ist der Daniel drei Monate jünger als du!' Wenn sich Kevin trotzdem weigern sollte, Daniels Lernvorsprung wettzumachen, kein Problem: Es gibt ja so fantastische Einrichtungen der ,Exzellenzpädagogik' (so heißt die tatsächlich) wie ,Kids auf der Überholspur' oder ,Little Giants', wo dreijährige Dreikäsehochs schon Englisch sprechen lernen. Wenn diese privaten Rettungsstationen nur nicht so lange Wartelisten hätten!"[5]

Heute wächst eine Generation junger Menschen heran, die ihr Leben ganz auf eine erfolgreiche berufliche Karriere, auf viel Geld und hohes Ansehen hin ausrichten. Aber Schulstress und Leistungsdruck fordern ihren Tribut: Der Anteil der Schüler mit depressiven Stimmungen steigt. Jeder dritte Schüler ist schwermütig oder antriebslos. Immer mehr Studenten brauchen psychologische Beratung und Antidepressiva. Auch die Fälle von Burnout werden zahlreicher.

Ich will das geschilderte Problem nicht dramatisieren. Nein, aber da stimmt doch etwas nicht. Die Kinder sind gestresst. Die Schüler haben Probleme, in der kurzen Zeit überhaupt das Richtige zu lernen. Die Studenten leiden unter einer Fülle von Wissensstoff, die Frauen unter der Doppelbelastung von Ehegattin und Mutter. Und die älteren Arbeitnehmer haben Stress, weil sie für den Arbeitsmarkt zu alt geworden sind. Was ist das nur für eine Welt!

„Was machst du?" In dieser Frage ist das moderne Selbstbewusstsein des Menschen auf eine kurze Formel gebracht. Wird man unser Jahrhundert später als eines beschreiben, in dem man alles für machbar hielt und in dem man alles selbst zu machen versuchte, eine „Selfmadegeneration"? Ich mache, ich repariere, ich sichere ab – glänzende Aussichten! Es bleibt nur die Angst, dass das Glück zerbrechlich ist und das Schicksal uns einen Strich durch die Rechnung macht. „Was brauchen wir da Gott? Wir schaffen das schon. Es darf uns nur nichts dazwischenkommen." Wie gnadenlos leben wir eigentlich?

Warum ist das so? Es gibt sicher viele Gründe für den heutigen Leistungsdruck. Und die subjektive Einstellung spielt dabei eine große Rolle. Ich möchte zwei Gründe nennen:

Habsucht und Geiz

„Die Wurzel aller Übel ist die Habsucht." Kann dieser Satz, der fast 2000 Jahre alt ist, die Situation mancher Reichen in unserer Republik erklären? Der Apostel Paulus schrieb an seinen Schüler Timotheus: „Die Wurzel aller Übel ist die Habsucht. Nicht wenige, die ihr verfielen, sind vom Glauben abgeirrt und haben sich viele Qualen bereitet" (1 Tim 6,10). Dabei geht es nicht nur um Besitz und Geld. Ansehen und Geltung sind wichtig für uns. Für die Karriere opfert man manchmal seine Gesundheit. Geiz und Habsucht treiben die Besessenen dazu, immer hinter etwas herzurennen, was letztlich süchtig macht. Der Tanz um das „Goldene Kalb" dreht sich immer schneller.

Habsucht und Besitzgier sind eine Art Einverleiben, wie beispielsweise das Essen. Der Säugling neigt in einer bestimmten Phase seiner Entwicklung dazu, Dinge, die er haben möchte, in den Mund zu stecken. Auch dem Verhalten der Konsumenten liegt der Wunsch zugrunde, die ganze Welt zu verschlingen. Der Konsument ist der ewige Säugling, der „den Hals nicht voll kriegen kann". Die Werbung versteht es, unseren Appetit anzuregen.

Der Verlust der Ewigkeit

Die Mehrzahl der Menschen sind pragmatische Glückssucher, sagt der Wiener Pastoraltheologe Paul M. Zulehner. 85 % der Zeitgenossen versuchen, das Beste aus dem Leben herauszuholen. Der Verlust der Religion hat dazu geführt, dass sie nur noch mit der irdischen Lebenszeit rechnen. Die durchschnittliche Lebenserwartung war früher 62 Jahre plus Ewigkeit. Heute sind es nur noch 72 Lebensjahre. Ihr Leben ist ihnen gleichsam „die letzte Gelegenheit" (Marianne Gronemeyer). Jetzt müssen sie das Kunststück vollbringen, die maßlose Sehnsucht in mäßiger Zeit zur Erfüllung zu bringen, den Himmel auf Erden zu erzwingen. Sie versuchen deshalb, in Liebe, Arbeit und Amüsement optimal leidfreies Glück zu erlangen. Das führt aber dazu, immer rascher und hastiger zu leben. Solches Leben wird angestrengt, anfordernd und überfordernd. Die Angst taucht auf, „zu kurz zu kommen".

Vereinsamung ist der Preis. Und aus der tiefsitzenden Angst um sich selbst fangen die Menschen an, den anderen als Lebenskonkurrenten zu sehen. Daraus ergibt sich eine Kultur der Abwertung des anderen, die dauernd verurteilt, richtet und hinrichtet, statt zu ermutigen, aufzubauen und zu unterstützen (nach Henri Nouwen).

Wort durch den Tag
In einem Jahrhundert, wo man alles in eigener Regie machen möchte, erinnere ich an das Wort des Apostels Paulus: „Was hast du, das du nicht empfangen hättest?" (1 Kor 4,7). Das Leben ist Gnade, nicht Leistung. Die wichtigsten Dinge des Lebens sind Gnade: Liebe und Freundschaft, Vertrauen und Versöhnung.
Und jene, die mit sich selbst und mit anderen „gnadenlos" umgehen, erinnere ich an ein Wort der Bibel: „Seid barmherzig, wie es auch euer Vater ist!" (Lk 6,36).

Gnade oder Leistung

Wort der Schrift

Damit ich mich wegen der einzigartigen Offenbarungen nicht überhebe, wurde mir ein Stachel ins Fleisch gestoßen: ein Bote Satans, der mich mit Fäusten schlagen soll, damit ich mich nicht überhebe. Dreimal habe ich den Herrn angefleht, dass dieser Bote Satans von mir ablasse. Er aber antwortete mir: Meine Gnade genügt dir; denn sie erweist ihre Kraft in der Schwachheit. Viel lieber also will ich mich meiner Schwachheit rühmen, damit die Kraft Christi auf mich herabkommt. Deswegen bejahe ich meine Ohnmacht, alle Misshandlungen und Nöte, Verfolgungen und Ängste, die ich für Christus ertrage; denn wenn ich schwach bin, dann bin ich stark. (2 Kor 12,7-10)

Wort zum Tag

Es gibt ein Kapitel in der Bibel, im zweiten Brief des hl. Paulus an die Korinther, das ist mit „Narrenrede" überschrieben (2 Kor 11,16-12,13). Die Korinther hatten Paulus an einer empfindlichen Stelle getroffen. Sie haben ihn angegriffen und ihm erklärt: „Lieber Paulus, Du schreibst zwar gewaltige Briefe, aber wenn Du bei uns auftrittst, dann wirkst Du recht ärmlich. Bist Du überhaupt ein richtiger Apostel?" Und Paulus reagiert nicht nach dem Motto: Was kümmert es den Mond, wenn die Hunde ihn anbellen – sondern er ärgert sich.

„Wer sind denn die anderen, die besser sein wollen als ich? Hebräer? Das bin ich auch. Israeliten? Das bin ich schon längst! Diener Jesu Christi wollen die sein? Ich weiß, ich rede unsinnig, aber ich bin's noch viel mehr als die! Ich habe mehr gearbeitet, bin öfter gefangen gewesen, habe mehr Schläge ertragen, von den Juden fünfmal ausgepeitscht, dreimal mit Ruten geschlagen, bin für meinen Glauben verfolgt worden, gesteinigt, dreimal habe ich Schiffbruch erlitten." – Man spürt, dieser Paulus ist in Fahrt gekommen. Er erklärt: „Leute, wenn ihr mir so kommt, dann bin ich nämlich ganz sicher der Größte." Ich glaube, man kann ihn recht gut verstehen.

Dann spricht er von den vielfältigen Sorgen um die Gemeinde. Er versucht sogar, seine mystischen Erfahrungen mit Gott zu beschreiben. Aber in der Mitte dieser Verteidigungsrede heißt es: „Allerdings gehört auch dies dazu: Damit ich nicht überschnappe, hat Gott mir eine Schwachstelle verpasst. Er hat mir eine Art spitzen Pfahl ins Fleisch gestoßen, damit ich nicht überheblich werde." Zweimal betont er im Text: „damit ich mich nicht überhebe".

Paulus hat wohl eine Krankheit, die ihn sehr mitnimmt. Die Exegeten haben lange darüber gerätselt, ob es Epilepsie oder ein Stottern ist. Wir wissen es nicht. Jedenfalls würde man am liebsten darüber nicht reden. Solche Schwachstellen verschweigt man gern in seinem Leben. Paulus hat die Größe, darüber zu sprechen: „Ich habe Gott dreimal gebeten, er möchte das von mir nehmen", schreibt Paulus. „Der Herr aber antwortete mir: Meine Gnade genügt dir; denn sie erweist ihre Kraft in der Schwachheit." Paulus schließt seine Lebenserfahrungen mit dem Wort: „Wenn ich schwach bin, bin ich stark."

So schließt dieses Kapitel der Narrenrede. Es ist erstaunlich: Dieser tatkräftige Mann, voller Leistung und Erfolg, spricht von seinen Schwächen. „Wenn ich schwach bin, bin ich stark." In seiner Schwachheit soll Gottes Kraft zur Geltung kommen. Ich glaube, es wird spürbar, wie Paulus, dieser große Völkerapostel, in das Geheimnis der Gnade, in das Geheimnis der leeren Hände hineingewachsen ist.

Erst dann wird man bereit, sich tragen, sich lieben, sich beschenken zu lassen. Wenn wir unsere Schwachstellen nicht verstecken, sondern erfahren, dass wir Gottes Hilfe brauchen, dann sind wir offen für die Gnade. Wir lernen und begreifen, was Paulus meint: „Aus Gnade seid ihr durch den Glauben gerettet, nicht aus eigener Kraft – Gott hat es geschenkt –, nicht aufgrund eurer Werke, damit sich keiner rühmen kann" (Eph 2,8-9).

Wort durch den Tag
Ein viel zitiertes Wort: „Wenn ich schwach bin, bin ich stark!" Was heißt das aber für meine eigenen Lebenserfahrungen? Das ist eine Kontrasterfahrung zum autonomen Menschen. Auch heute möchte ich mir keine Blöße geben. Ich muss stark und erfolgreich sein.
Damit wir aber nicht vergessen, dass wir nicht nur „aus eigener Kraft" handeln, beginnen wir im Kloster unseren Tag mit dem Gebetsruf: „O Gott, komm uns zu Hilfe, Herr, eile uns zu helfen!"

Wie gnadenlos leben wir?

Wort in den Tag

Denn wer räumt dir einen Vorrang ein? Und was hast du, das du nicht empfangen hättest? Wenn du es aber empfangen hast, warum rühmst du dich, als hättest du es nicht empfangen? (1 Kor 4,7)

Wort zum Tag

„Dem Tüchtigen gehört die Zukunft." Mit solchen Parolen wird der Mensch in die Pflicht genommen. „Tüchtigkeit" ist die wichtigste Tugend der modernen Gesellschaft, der „Nutzen" die Denkweise, der „Erfolg" das Ziel, die „Leistung" das Gesetz. Wie anders als durch Leistung kann der Mensch seine Existenz rechtfertigen? Das ganze Leben wird zum „Leistungssport". Wenn wir fragen: Was fürchtet der Mensch heute am meisten, dann ist die Antwort: „Ja keinen Leistungsabfall!" Vom Berufs- bis zum Sexualleben: „Nur ja keinen Leistungsabfall!"

Der Mensch lebt nicht nur autonom, aus sich selbst und von seinen eigenen Kräften und Möglichkeiten. Das Glück und die Vollendung des Lebens kann man nicht durch eigene Leistung erzwingen. Viele Faktoren spielen hinein. Die wichtigsten Dinge sind nicht machbar. Sie werden geschenkt. Liebe, Freundschaft und Vertrauen zum Beispiel kann man nicht erobern und erzwingen.

Wenn ich auf meinen Lebensweg schaue, stelle ich fest: Ich gehörte viele Jahre zu den Tüchtigen. Ich strengte mich an und hatte auch Erfolge. Auch später in meiner Ordensgemeinschaft. Im Rundfunk und Fernsehen durfte ich reden. Vielleicht gehört auch das Bücherschreiben zu diesen Eitelkeiten. Nur ganz langsam lernte ich, dass Leistung nur eine Seite der Medaille ist. Je älter ich wurde, umso mehr entdeckte ist die Bedeutung der Gnade in meinem Leben. Der „Homo Faber" muss lernen, dass es einen Zenit des Lebensweges gibt. Dann nehmen die Kräfte ab und jeder muss Liebgewordenes „loslassen". Wir werden immer „ärmer". Das ist ein Lernprogramm, dem sich keiner entziehen kann.

Was mir geholfen hat? Die Begegnung mit kranken und behinderten Menschen. In der seelsorglichen Arbeit begriff ich gerade in der Begegnung mit Behinderten, dass es letztlich nicht darum geht, „anerkannt" zu werden, sondern trotz der Schwächen „angenommen" zu sein. Jean Vanier ist Begründer der Arche-Bewegung. Was er in den Wohngemeinschaften mit Behinderten gelernt hat, beschreibt er so: „Was ich bei den Behinderten erfahren habe, das war das, was zuerst kommt. Das ist der Schrei. – Der Schrei: ‚Liebst du mich?' Ich denke, dieser Urschrei ist in jedem Menschen: ‚Liebst du mich?' Aber meistens haben wir Angst, so herauszuschreien. Denn vielleicht gehen alle an uns vorbei. Keiner beachtet uns. Deshalb müssen wir uns darauf vorbereiten, mächtig zu werden. Wir müssen unsere Fähigkeiten entfalten und reich an Kompetenz werden. Dann hängen wir von keinem ab.

Wir müssen glänzen. Es wird uns beigebracht, der Erste und der Beste zu sein. Dann haben wir Macht. Aber wir sind einsam. Wir sind leer. Und es wächst ein Bedürfnis in uns, diese Leere zu füllen. Wir versuchen, diese Leere mit allem zu füllen, was wir nur finden können: Nahrungsmittel, Sexualität oder Alkohol. Aber in uns bleibt der Urschrei. Es ist heute der Schrei der ganzen Menschheit: ‚Warum werde ich nicht geliebt?'"[6]

Wort durch den Tag

Wie gnadenlos leben wir eigentlich? Wenn ich an einem Tag viel leiste und Erfolg habe, fühle ich mich wohl und bin am Abend mit mir zufrieden. Wie stark ist mir das Leistungsdenken anerzogen worden? Kann ich auch mit Misserfolgen umgehen oder bin ich dann resigniert oder sogar deprimiert? Gibt es Menschen in meiner Nähe, die mich ernst nehmen und anerkennen, auch wenn ich Fehler mache? Was bedeutet: „barmherzig miteinander umgehen"?

Kollabierende Systeme

Wort der Schrift
Denn im Übermaß des Essens steckt die Krankheit, der Unmäßige verfällt heftigem Erbrechen. (Sir 37,30)

Wort zum Tag
Was im biblischen Buch „Jesus Sirach" für das Essen geschrieben ist, gilt für viele Lebensbereiche: „Im Übermaß des Essens steckt die Krankheit ..." Der Wüstenmönch Abbas Poimen drückt es noch drastischer aus: „Alles Übermaß ist von den Dämonen!"

Das rechte Maß gilt dem heiligen Benedikt, dem Vater der Ordensgemeinschaften, als so etwas wie eine Weltformel. Er nennt es die „Mutter aller Tugenden". Maß beim Essen, Maß beim Verbrauchen, Maß bei der Arbeit, Maß bei einer Kraftanstrengung. Alles Übermaß führt ins Verderben.

Man sollte aber den Grundsatz „Mitte und Maß" nicht mit Mittelmäßigkeit verwechseln. „Mitte und Maß" sind das Gegenteil von einseitigem Missbrauch, die Anti-Orgie gewissermaßen. Alle Extreme machen uns depressiv. Die Tugend liegt im Maß, das Laster im Extrem. Es ist die Kunst des Lebens, die richtige Dosierung zu finden. Ein Glas Wein am Abend ist etwas Köstliches. Wenn ich aber die ganze Flasche allein leere, endet es meistens in der Sucht.

Wir erleben heute viele „kollabierende Systeme": die Ausbeutung der Rohstoffquellen zum Beispiel oder der

Klimawandel. Die Staaten sind herausgefordert, den CO_2-Ausstoß zu verringern. Das bedeutet, sich Grenzen zu setzen. Auch die weltweite Finanzkrise ist ein Beispiel für ein kollabierendes System. Da haben sich einige Wenige maßlos bereichert. Dabei sind die Banken zusammengebrochen. Die Folge ist jetzt die Wirtschaftskrise.

Vor dem Kollaps bleibt auch unser persönliches Leben nicht bewahrt. Besonders schlimm ist das „K.-o.-Saufen" der jungen Generation. Wenn wir unsere Kraftreserven ständig überfordern, kommen wir an unsere Grenzen. Mir scheint, dass heute das Suchtverhalten zunimmt: Erfolgsdruck und Geltungsdrang, Geldgier und Kaufsucht, Fernsehsucht und Magersucht, und so weiter ... Aber jede Sucht raubt die Freiheit und macht abhängig.

Ich kenne eine Chefsekretärin, die tagsüber mit aller Welt per Telefon und Internet kommuniziert. Abends aber mag sie nicht nach Hause gehen. Sie hasst das Alleinsein. Sie hat Angst vor ihren vier Wänden. Also macht sie Überstunden. Sie wird zum Workaholic. Denn auch Arbeit im Übermaß führt in den Kollaps. Der Stress ist ein Zeichen der Maßlosigkeit, wobei unser Lebensgefühl immer unter Zeitdruck steht.

Was kann uns befreien? Ein Ansatz liegt darin, sich selbst einzuschränken. Eine neue Askese fordern manche: Askese nicht aus Lustfeindlichkeit, sondern aus Unlust am Überfluss. Askese als Gegenstrategie gegen den Stress und jede Überforderung. Weniger ist manchmal mehr. Es gilt, einen persönlichen Lebensstil zu finden. Mein Orientierungswort heißt: „Weniger ist mehr!"

Wort durch den Tag

Bedenken Sie heute, was der Abtprimas der Benediktiner, Notker Wolf, in seinem neuesten Buch schreibt:

„Wir stehen an einem Scheideweg. Wir stehen vor der Entscheidung, ob wir, bildhaft gesprochen, auf einer Autobahn weiterrasen, die zur Zerstörung unserer Lebensgrundlagen führt, oder an der nächsten Ausfahrt rechts abbiegen, umkehren und unseren Lebensstil gründlich überdenken und wieder ins Lot bringen."[7]

Ein Zeitalter des Suchens

11. Tag · Montag in der 2. Fastenwoche

Neue Wege suchen – Paradigmenwechsel

Wort der Schrift

Als Jesus am See von Galiläa entlangging, sah er Simon und Andreas, den Bruder des Simon, die auf dem See ihr Netz auswarfen; sie waren nämlich Fischer. Da sagte er zu ihnen: Kommt her, folgt mir nach! Ich werde euch zu Menschenfischern machen. Sogleich ließen sie ihre Netze liegen und folgten ihm.

Als er ein Stück weiterging, sah er Jakobus, den Sohn des Zebedäus, und seinen Bruder Johannes; sie waren im Boot und richteten ihre Netze her. Sofort rief er sie und sie ließen ihren Vater Zebedäus mit seinen Tagelöhnern im Boot zurück und folgten Jesus nach. (Mk 1,16-20)

Wort zum Tag

In einem Fischerdorf an der Küste Afrikas las der Vater seiner Familie die Geschichte der Berufung der ersten Jünger aus der Bibel vor. Da fragte sein Sohn: „Warum beruft Jesus nur Fischer als seine Jünger?" Der Vater antwortete: „Weil die Fischer jeden Tag neue Wege im Meer suchen müssen, um zu den Fischschwärmen zu gelangen. Sie sind Experten des Suchens."

Dieses Talent scheint der Kirche heute weitgehend zu fehlen, denn ihre Netze bleiben meist leer: Die Gottesdienste sind schlecht besucht, Kirchengebäude werden abgerissen und Gemeinden zusammengelegt. Frust und Enttäuschung machen sich unter dem Kirchenvolk breit.

In dieser Situation suchen viele Christen nach Sicherheit, nach unumstößlichen, festen Formeln, nach altvertrauten Riten. Sie möchten die Zeit vor das II. Vatikanische Konzils zurückdrehen. Die Öffnung zur Welt, die Papst Johannes XXIII. immer wieder betonte, halten sie für eine Fehlentwicklung. Sie würden sich am liebsten hinter sichere, verschlossene Türen zurückziehen.

Am Pfingstfest aber öffneten die ersten Christen die Türen. Sie stellten sich in Jerusalem auf den Marktplatz und verkündeten ohne Angst die Botschaft von Tod und Auferstehung Jesu Christi. Ohne diesen pfingstlichen Geist, der uns zu Neuem antreibt, schrumpft die Kirche zu einer „kleinen Herde", die ihre Formen der Sicherheit pflegt.

Im Zentrum der Botschaft Jesu steht das Kommen des Reiches Gottes. Mit Christus ist es schon angebrochen. Die Vollendung liegt bei Gott. Aber die Christen müssen immer neu aufbrechen, um den Weg zu mehr Gerechtigkeit, Liebe und Frieden in dieser Welt zu suchen. Christentum ist und bleibt für mich eine Glaubensgemeinschaft auf dem Weg. Ohne die Bereitschaft zum Neuaufbruch verkümmert die Botschaft Christi und die Kirche verliert immer mehr an gesellschaftlicher Bedeutung.

Denn offensichtlich leben wir in einer Aufbruchszeit, wo immer mehr Menschen auf der Suche sind. Heute spricht man in vielen Lebensbereichen vom „Paradigmenwechsel". Ursprünglich wurde dieses Wort nur für den Übergang zu einem neuen Denkmodell in den Naturwissenschaften gebraucht. Heute wird es überall da gebraucht, wo ein Wechsel oder Wandel notwendig ist. Schließlich gewinnt man Wahlen, wenn das Wort „Change" zum Leitwort wird.

Mein Mitbruder Prof. Thomas Dienberg, der das Institut für Spiritualität und Management an der PTH in Münster gegründet hat, schreibt: „Es lässt sich gleichzeitig feststellen, dass viele Menschen heute suchen, gerade in turbulenten wirtschaftlichen und finanziellen Zeiten. Suche scheint das Wort und die Bewegung des 21. Jahrhunderts zu sein: die Suche nach dem Grund im Leben, nach verlässlichen Sinnstiftungen und Institutionen, die Suche nach Freundschaft, Liebe und auch nach Gott. Die religiöse Vielfalt macht es nicht einfacher. Religiöse Auffassungen stehen neben nicht-religiösen und anti-religiösen. Hauptsache, der Mensch findet sich und seine Authentizität, seine spirituelle Tiefe und Identität – doch wie, in diesem so umtriebigen Markt der Möglichkeiten, der sich Öffentlichkeit nennt?"[8]

Wir leben in einer interessanten Zeit, weil nichts mehr selbstverständlich ist, weil viele Wege und Wahlmöglichkeiten jedem Menschen zur Verfügung stehen. Die Zukunft ist eine abenteuerliche Reise geworden und keiner kann heute genau sagen, wohin die Reise geht. Jeder muss sich auf seine Weise in dieser Zeit des Suchens zurechtfinden. Die Menschheit hat einen weiten Weg zurückgelegt: vom Wort über die Schrift, vom Buchdruck bis zum Internet. Und das Internet wird in den kommenden Jahren unsere Welt noch stark verändern.

Wort durch den Tag
Ich suche nach mehr Durchblick und Verständnis der Zusammenhänge. Ich suche nach mehr Erkenntnis über meine Zeit und ihre Aufbrüche. Ich möchte verstehen, wo mein Platz in dieser Welt ist.

12. Tag · Dienstag der 2. Fastenwoche

Neues Zeitalter?

Wort der Schrift

Ihr habt nicht einen Geist empfangen, der euch zu Sklaven macht, sodass ihr euch immer noch fürchten müsstet, sondern ihr habt den Geist empfangen, der euch zu Söhnen macht, den Geist, in dem wir rufen: Abba, Vater! (Röm 8,15)

Wort zum Tag

Mit dem Geist der Verzagtheit werden wir die Zukunft nicht meistern. Christen vertrauen auf den Geist Gottes, der uns in die Zukunft führt. Die ersten Christen schauen nach vorne. Sie sind Experten des Suchens. Sie gehören nicht zur „Nachhut der Gesellschaft". Ohne Eschatologie und Apokalyptik würde das Christentum eine Bewegung sein, die rückwärts orientiert wäre. Wir leben nach vorne, auf die Zukunft hin, die Gott schenken wird. In dieser Zwischenzeit sollen wir besonnen „auf die Erfüllung unserer Hoffnung" warten.

Warten kann ich, weil ich weiß, dass es dies gibt, was ich suche, obwohl ich nicht weiß, wo es ist, zum Beispiel ein Buch, das ich verlegt habe. Auch der Christ kann warten, denn als Christ weiß ich, dass Gott uns eine herrliche Zukunft schenken wird. Gott hat es immer wieder versprochen. Aber Ort und Zeitpunkt weiß keiner. „Seht euch also vor und bleibt wach! Denn ihr wisst nicht, wann die Zeit da ist" (Mk 13,33). In der Mitte der Verkündigung steht bei Jesus das Kommen des Reiches Gottes. Das Reich der Gerechigkeit und des Friedens hat schon begonnen, seine Vollendung liegt aber in Gottes Hand.

Über das „Neue Zeitalter" der New-Age-Bewegung oder das Wassermannzeitalter ist viel geschrieben worden. Eine Generation war davon überzeugt, dass die menschliche Kultur sich im Niedergang befinde und dass das Neue Zeitalter wieder einen Aufstieg bringen wird. Darüber, wann dieses Zeitalter beginnt, waren viele unterschiedliche Versionen im Umlauf. Wichtig war das „Pathos der Veränderung", in dem nur Gefühle zum Ausdruck kamen, ohne dass konkret geschildert wurde, worin die erwarteten Veränderungen bestehen sollten.

Die New-Age-Bewegung ist nur eine vorübergehende Modeerscheinung gewesen. Heute aber geht es um die Neuorientierung der Gesellschaft. Die Schlüsselfrage des 21. Jahrhunderts lautet: Wie schaffen wir es, aus der Wachstums- und Konsumfalle auszubrechen und nichtmaterielle Werte für ein gelingendes Leben wieder schätzen zu lernen? Wachstum allein wird dies nicht schaffen.

Meinungsumfragen belegen, dass die Bereitschaft in der Gesellschaft erstaunlich groß ist, umzusteuern. Es geht um ein gesellschaftliches Umsteuern weg vom quantitativen ökonomischen Wachstum hin zu einem Wachstum, welches sich an alternativen, vor allem ökologischen Kriterien orientiert. Viele sind zum Verzicht bereit, wenn er nachhaltiges Leben ermöglicht und auch der kommenden Generation Lebenschancen einräumt. Deutschland versucht den Alleingang: den Ausstieg aus der Atomenergie. Heute wissen wir, es wird teuer werden und Verzichte von allen Bürgern verlangen.

Wort durch den Tag

Umfragen zeigen, dass viele in unserer Gesellschaft sich einschränken würden, wenn es um nachhaltige Wege geht. Aber es gibt individuelle Blockaden. Nur wenn andere auch den neuen Lebensstil mitmachen, ist man bereit zum Verzicht. Kennen sie solche individuellen Blockaden?

13. Tag · Mittwoch in der 2. Fastenwoche

Internetsucht?

Wort der Schrift

Denn ich, ich kenne meine Pläne, die ich für euch habe −
Spruch des Herrn −, Pläne des Heils und nicht des Unheils;
denn ich will euch eine Zukunft und eine Hoffnung geben.
Wenn ihr mich ruft, wenn ihr kommt und zu mir betet, so
erhöre ich euch. Sucht ihr mich, so findet ihr mich. Wenn ihr
von ganzem Herzen nach mir fragt, lasse ich mich von euch
finden − Spruch des Herrn. (Jer 29,11-14)

Wort zum Tag

Werden Erfindungsgeist, Technik und Internet helfen, eine
neue Zukunft zu schaffen? Maschinen werden besser als
Menschen, in allen Branchen, schreibt Frank Rieger.[9] Er
nennt Autos, wie sie heute produziert werden „Computer auf
Rädern". Eine Revolution bahnt sich an, glauben einige.
Meine Schwägerin, die Anwältin ist und beim Gericht selten
einen Parkplatz findet, hat sich ein Auto gekauft, das den
Parkplatz in der Straße selbst sucht und auch automatisch
einparkt.

Technologische Revolutionen befördern den Gang der
Geschichte. Wir kennen das aus Schulbüchern. Und wir sind
auch mittendrin, merken es irgendwie − und ignorieren es
doch. Dabei wissen wir: Die Folge von großen Innovations-
wellen waren soziale Verwerfungen, Revolutionen, Kriege
und Völkerwanderungen. Das Aufkommen neuer Technik
vollzog sich zunächst meist stockend und konnte durchaus
ein paar Jahrzehnte dauern. Doch dann vollzogen sich die

Umwälzungen schneller, als die sozialen und ökonomischen Strukturen Schritt halten konnten. Die Weberaufstände oder die Abwanderung der schwarzen Baumwollpflücker aus den amerikanischen Südstaaten als Folge der automatisierten Maschinen sind bekannt.

„Die nächste Technologiewelle, die unsere gesellschaftlichen Grundfesten erschüttern wird, rollt leise, aber gewaltig an. Es ist nicht eine einzelne Technologie, die sie treibt, sondern die Kombination und gegenseitige Potenzierung paralleler Entwicklungen. Computer haben die ersten Jahrzehnte der Einführungsphase hinter sich gelassen. Alltagsgegenstände werden längst computerisiert, digitalisiert, vernetzt. Sie beziehen einen Großteil ihrer Funktionalität aus Software."[10] Moderne Küchen werden so eingerichtet, dass die Frau beim Einkauf per Knopfdruck im Supermarkt den Ofen daheim einschalten kann.

Die Welt war bereits vor dem Internet komplex. Nur nehmen wir jetzt erheblich mehr von dieser Komplexität wahr. Werden wir mit dieser Komplexität umgehen können? Wird die kommende Generation neue Fähigkeiten entwickeln?
Noch weiß keiner so genau, welcher Weg in die Zukunft richtig ist. Zu viele Baustellen gibt es. Wie gehen also Menschen mit dieser digitalen Komplexität um? Was wird passieren? Aber „suchen, lernen, experimentieren" sind wichtige Worte des 21. Jahrhunderts. Noch nie hatten Menschen auf diesem Planeten den Zugang zu so viel Wissen und Informationen wie heute. „Wir tragen unsere ganze Welt in der Tasche. Alles ist möglich."[11] Viele, aber besonders die junge Generation preisen die sozialen Netzwerke als großen Reichtum und als große Möglichkeit.

Doch das Internet wird von vielen sehr negativ beurteilt. Lehrer klagen, dass ihre Schüler keine Aufsätze mehr schreiben können. Sie verlernen die Sprache und schreiben die Wörter falsch. Überall sieht man die jungen Menschen mit dem Handy. Sie kommunizieren mit ihren sogenannten Freunden über das Netz. Es soll schon 500.000 Internetsüchtige geben. Internetsucht ist mittlerweile eine anerkannte Erkrankung. Wie sollen wir in dieser tosenden Brandung von Twitter, Facebook, Blogs, Mails und RSS-Feeds in Ruhe leben?

Während die meisten Nutzer die Vorteile der Onlinewelt nicht mehr missen möchten, mahnen Experten wie der Hirnforscher Manfred Spitzer vor den Langzeitfolgen. Ihm zufolge ist die vernetzte Gesellschaft zwar latent reizüberflutet, jedoch intellektuell unterfordert. Seine These: Einer ganzen Generation droht die „digitale Demenz". Zu viel Fernsehen, Surfen im Internet und Spielen am Computer machen unsere Kinder aggressiv und blöd.

Wort durch den Tag
Christen sollten sich auseinandersetzen mit den tiefgreifenden Veränderungen in unseren Tagen. Die Unzufriedenheit ist groß. Occupy zeltet vor Banktürmen, Piraten ziehen in die Parlamente ein. Viele haben Sympathien für die neuen Bewegungen. Zugleich sind viele ratlos, in welche Richtung der Weg verläuft, der unsere Zukunft prägen wird. Spüren Sie auch diese Ratlosigkeit?

Aus Krisen lernen?

Wort der Schrift

Dem Türhüter befahl er, wachsam zu sein. Seid also wachsam! Denn ihr wisst nicht, wann der Hausherr kommt, ob am Abend oder um Mitternacht, ob beim Hahnenschrei oder erst am Morgen. Er soll euch, wenn er plötzlich kommt, nicht schlafend antreffen. Was ich aber euch sage, das sage ich allen: Seid wachsam! (Mk 13,34-37)

Wort zum Tag

Wenn die ersten Christen von der Zukunft sprachen, dann ermutigten sie sich: „Wenn ihr standhaft bleibt, werdet ihr das Leben gewinnen." Es geht also nicht darum, uns Angst zu machen, sondern darum, uns wachsam zu machen. „Seid wachsam!" ist die Mahnung des Evangeliums.

Unsere Situation kann man mit der Situation der ersten Christen vergleichen. Sie erwarteten die neue Zeit, den neuen Himmel und die neue Erde, die Gott schenken wird. Unser Jahrhundert braucht diese Haltung der Offenheit und zugleich der Wachsamkeit. Denn: Suchen ist das wichtigste Wort für das 21. Jahrhundert.
Viele Wissenschaftler und Fachleute arbeiten heute daran, Lösungen für die Zukunft zu finden. Denn der technische Fortschritt ist nicht mehr aufzuhalten. Viele sagen aber auch: So kann es nicht weitergehen. Zwar weiß man noch nicht genau die Wege. Aber eine Veränderung muss kommen. Manche meinen, sie sei schon unterwegs. Wir müssen nur lernen aus den Weltkrisen.

Allerdings haben wir es heute vielfach mit kollabierenden Systemen zu tun. Z. B. sind die Finanzsysteme nicht zukunftsfähig, und es gibt noch keine Regeln, die die Banken und Geldströme steuern. Die Natur ist auf der Kippe. Aber das Ozonloch wächst und alle Versuche, die Abgase zu begrenzen, scheinen ins Leere zu laufen. Die Wälder werden abgeholzt, obwohl sie für die Natur ein wesentliches Regulativ sind. Es werden weiter Atomkraftwerke gebaut, und wir schaffen uns so zusätzliche Zeitbomben, derer schon viele ticken. Warum wird z. B. auf der Welt das Thema „Atommüll" tabuisiert?

Im politischen Tagesgeschäft wird oft pauschal behauptet: Wachstum ist gleich Wohlstand. Wachstum ist die Voraussetzung für eine positive Entwicklung der Gesellschaft. Thomas Gamke und Thomas Potthoff schreiben: „Unsere These lautet: Die Fixierung auf das Wachstum ist eine der Ursachen für die ökologischen, ökonomischen und sozialen Krisen des industriellen Zeitalters ... Die ungezügelte Verwendung endlicher Ressourcen (Wasser, Luft, Erde) verdichtet sich zu einer katastrophalen Situation: Klimakrise, Rohstoffkrise und Entsorgungskrise."[12]

Daraus folgt: Das Gemeinwohl muss wieder in den Mittelpunkt des wirtschaftlichen Handelns treten. Auch Politik und Gesellschaft müssen sich an Werten orientieren und dürfen nicht blind Wachstumszielen und -dogmen hinterherlaufen. Der Erfolg eines Unternehmens darf nicht auf Ausbeutung der eigenen Mitarbeiter oder der Umwelt basieren.[13]

In Zukunft wird Wohlstand und Glück nicht nur individualistisch zu lösen sein als Wohlstand und Glück für ein paar Reiche. Wir werden gemeinsam davon abhängig sein, ob wir die globalen Krisen lösen. Umwelt und Klimaschutz sind nur das eine Problem, das wir weltweit lösen müssen. Der Planet Erde ist bis an die Grenzen belastet. Unsere Generation darf die Erde nicht ausplündern. Nachhaltigkeit ist das Gebot der Stunde.

Nie war es so deutlich, dass ein nachhaltiges Umsteuern und Umdenken nötig ist. Der Direktor der Akademie Caritas-Pirckheimer-Haus, Siegfried Grillmeyer, schreibt: „Die großen Krisen des Finanzsystems, des Wirtschaftens, der Umwelt und des Klimas haben ein ‚Weiter so' unmöglich gemacht. Viele Ansätze, Dinge ‚neu zu denken', haben in den interdisziplinären Dialog Einzug gehalten. Wichtig ist uns dabei, dass wir bei der Suche nach den Fragen, Herausforderungen und Lösungsansätzen unseren Ausgangspunkt im Blick behalten. Es geht um den Menschen mit seinen Freuden und Hoffnungen, mit seiner Trauer und Angst, ganz besonders um die Armen und Bedrängten aller Art – wie es vor 50 Jahren das Vatikanische Konzil beschrieb."[14]

Wort durch den Tag

„Wege entstehen, dass ich sie gehe", lese ich! Aber welchen Weg soll ich gehen? Die vielen Wegweiser machen mich orientierungslos. Ich bin oft zu müde, immer neu zu suchen. Im Dschungel meines Alltags bin ich oft überfordert. So viele Parolen, so viele Meinungen, welche sind wahr? Kennen Sie diese Überforderung? Ich werde aber nicht abschalten, sondern weiter suchen. Das Thema „ZUKUNFT" ist zu wichtig.

Das Konzil stellte die Weichen für die Zukunft

Wort der Schrift

Nicht dass ich es schon erreicht hätte oder dass ich schon vollendet wäre. Aber ich strebe danach, es zu ergreifen, weil auch ich von Christus Jesus ergriffen worden bin. Brüder, ich bilde mir nicht ein, dass ich es schon ergriffen hätte. Eines aber tue ich: Ich vergesse, was hinter mir liegt, und strecke mich nach dem aus, was vor mir ist. Das Ziel vor Augen, jage ich nach dem Siegespreis: der himmlischen Berufung, die Gott uns in Christus Jesus schenkt. (Phil 3,12-14)

Wort zum Tag

Als Papst Johannes der XXIII. sehr spontan das Zweite Vatikanische Konzil einberief, waren die Vatikanbeamten sehr erschrocken. Man fragte den Papst, warum es überhaupt ein neues Konzil brauche? Da ging er zum Fenster und öffnete es weit. „Darum!", sagte er.

Heute gibt es viele, die das Fenster ganz fest verschlossen haben. Sie sehnen sich nach Ruhe und Sicherheit. Aber der Geist ist die heilsame Unruhe. Die Art und Weise, wie das Konzil dem „Aggiornamento" den Weg bereitet hat, ist vorbildlich auch für die Zukunftaufgaben, die unsere Gesellschaft erwartet. Das Konzil war der Zeit voraus. Deshalb dürfen wir uns nicht an den Rand der Gesellschaft drängen lassen und uns mit einer Sektenmentalität zufriedengeben.

Kardinal Lehmann sagte im Rückblick auf das Konzil vor 50 Jahren: „Das Konzil hat die Kirche für den Gang in das dritte Jahrtausend theologisch, spirituell und pastoral aufrüsten wollen."

Er sei froh und dankbar, dass die Kirche den vom Konzil vorge-
zeichneten Weg einer Erneuerung gegangen sei, auch wenn
dieser sich manchmal als beschwerlich und steinig erweise.
Das Wort der deutschen Bischöfe zum Auftakt der Jubiläums-
feierlichkeiten des Zweiten Vatikanischen Konzils, „Erinnern –
Bewahren – Weitergeben", hat mich ermutigt. Die Bereitschaft
zur Reform ist noch nicht erloschen. Es heißt dort wörtlich:
Das Konzil machte den Gläubigen deshalb Mut, sich den
Herausforderungen der Gegenwart zu stellen, um ihr eigenes
Leben und das Leben der Gesellschaft aus dem Glauben heraus zu gestalten. Es forderte alle Glieder der Kirche auf, sich
selbstbewusst und ohne innere Vorbehalte mit den Fragen der
Gesellschaft und der Kultur zu beschäftigen. Die Konzilsväter
sprachen sogar von der „Pflicht, nach den Zeichen der Zeit zu
forschen und sie im Lichte des Evangeliums zu deuten" (GS 4).
So wie das Zweite Vatikanum eine uralte Institution reformiert
und für die Fragen der Zeit geöffnet hat, ist es gleichsam ein
Paradigma für den Weg, den unsere Gesellschaft in Zukunft
noch gehen muss.

Wort durch den Tag

„In einer kleinen Grenzstadt lebte ein alter Mann schon fünfzig Jahre in dem gleichen Haus. Eines Tages zog er zum
Erstaunen seiner Umgebung in das Nachbarhaus um. Repor-
ter der Lokalzeitung sprachen bei ihm vor, um nach dem
Grund zu fragen: ,Ich glaube, das ist der Zigeuner in mir',
sagte er mit zufriedenem Lächeln."
Was ist noch von der großen Sehnsucht im „Zigeuner" übrig
geblieben: ein Umzug ins Nachbarhaus? Der Ruf in die
Freiheit ist viel größer. Wir sind keine „Nesthocker". Wir sind
Pilger, „Homo viator", Menschen des Weges. Der Pilger bricht
auf, verlässt die Enge, er hat keine Angst vor dem Neuen.
Schließlich ist das Reich Gottes unsere Erwartung.

16. Tag · Samstag in der 2. Fastenwoche

Kirchenseufzer

Wort der Schrift

Das will ich mir zu Herzen nehmen, darauf darf ich harren: Die Huld des Herrn ist nicht erschöpft, sein Erbarmen ist nicht zu Ende. Neu ist es an jedem Morgen; groß ist deine Treue. Mein Anteil ist der Herr, sagt meine Seele, darum harre ich auf ihn. Gut ist der Herr zu dem, der auf ihn hofft, zur Seele, die ihn sucht (Klgl 3,21-25).

Wort zum Tag

Ich bin (Jahrgang 1929) heute eine alte Dame, die auf ein langes, bewegtes spirituelles Leben zurückblicken kann. Hier eine kurze Zusammenfassung: Aufgewachsen in einem liberal-evangelischen Elternhaus, bin ich mit 18 Jahren katholisch geworden – ganz selbstverständlich, ohne irgendwelche in die Tiefe gehende Glaubens- und Gewissenskonflikte: In der Folge der Kriegsjahre war unsere Familie auseinandergerissen, ich selbst hatte in kurzer Zeit sechsmal den Wohnort und die Schule gewechselt; die katholische Kirche mit ihrem Credo, ihren Sakramenten, ihrer Liturgie und vor allem mit gläubigen Menschen, die mich begleiteten, wurde mir zu einer neuen Heimat. – Es war die vorkonziliare Kirche; geprägt vom Atem jahrhundertealter Traditionen, noch in sich ruhend in ihren Überzeugungen und scheinbar gesicherten Strukturen. – Aber ich hatte das Glück, diese Kirche in Gestalt einer lebendigen Studentengemeinde kennen zu lernen, in der Fragen gestellt und um Antworten gerungen wurde, in Auseinandersetzung mit den damaligen Größen der katholischen Theologie (Romano Guardini, Karl Rahner,

Hans Urs von Balthasar, Teilhard de Chardin, um nur einige
zu nennen). Wir waren eine lebendige Glaubensgemeinschaft, hielten uns für die „Progressiven" und waren recht
stolz darauf – und wurden dann doch überrollt von den stür-
mischen Entwicklungen der Konzilszeit und der folgenden
Jahre. Aber die Begeisterung des Zweiten Vatikanums hatte
uns alle erfasst und meinen persönlichen Glauben bis heute
geprägt. Wir spürten den großen Atem des Aufbruchs und
glaubten an eine Erneuerung, die die Kirche stark und leben-
dig und offen macht für die Herausforderungen unserer Welt
in einer Zeit der globalen Umbrüche und Krisen.

Stattdessen ist diese Kirche selbst in eine Krise geraten: Krise
des Glaubens und Krise verfestigter Strukturen und innerer
Zerrissenheit. Für diejenigen, die sich bei uns um Reformen
bemühen, ist das eine schwierige Situation. Die Versuchung
ist groß, entweder in die Resignation oder in den offenen
Protest zu geraten.

Von diesen Konflikten bin auch ich persönlich sehr betrof-
fen. So habe ich vor einem Jahr in einem Augenblick des
gesteigerten Ärgers eine kleine Briefaktion gestartet – einen
„Kirchenseufzer", in dem ich mich mit meinen Besorgnissen
zu Wort gemeldet habe. Es ging mir darum, die Sprachlosig-
keit und die Resignation zu überwinden, in die so viele von
uns geraten sind. Ich wollte mit Gleichgesinnten ins Gespräch kommen, auf der Suche nach einem Weg, wie wir uns
einbringen können, um die Kräfte der so dringenden Erneuerung in unserer Kirche zu unterstützen, auch um uns
gegenseitig Mut zu machen, damit wir aktiv werden können.
Dieser Austausch ist in Gang gekommen. Dabei geht es auch
um die Frage, wie wir angesichts der großen Probleme unsere Zugehörigkeit zu unserer Kirche verstehen. Bleiben wir
dabei? Und wenn ja, warum bleiben wir dabei?

Die Antwort war in dieser Runde eindeutig: Was auch immer in der Amtskirche passiert – wir lassen uns nicht herausgraulen! Aber warum wollen wir um jeden Preis dabeibleiben?

Ich versuche hier meine persönliche Antwort zu geben: Der wesentliche Grund für meine Entscheidung ist einfach: Ich habe in dieser Kirche und durch sie meinen Glauben an Jesus Christus gefunden. Dieser Glaube ist mein „Schatz", von dem ich lebe und den ich nicht lassen will.

Im Mittelpunkt unseres Glaubens steht das Geheimnis von Karfreitag und Ostern. Das sind extreme Aussagen – aber gerade in ihnen finde ich die Antwort auf die letzten Fragen des Lebens. Ich begegne einem Gott, der sich in die Widersprüche der Welt hineinbegibt, einem Gott, der solidarisch ist mit den Schwachen, mit den Leidenden, indem Er selber Einer von ihnen wird.

Das also ist der kostbare Schatz, für den ich der Kirche dankbar bin und aus dem ich zu leben versuche. Auch für dieses Leben im Glauben und aus dem Glauben habe ich immer wieder die Kirche gebraucht: ihre Menschen in kleiner und großer Gemeinschaft, ihre Liturgie, die Sakramente, vor allem die Eucharistie, in der noch einmal eine besondere Weise der Gottesbegegnung geschieht. Das alles aufzugeben, weil ich über menschliche und strukturelle Defizite enttäuscht bin, ist für mich unvorstellbar.

Im Übrigen genügt ein Blick in die Kirchengeschichte, um zu sehen, dass unsere Probleme im Vergleich zu früheren Jahrhunderten gar nicht so außergewöhnlich sind. Wenn man die heutigen Probleme in den Kontext dieser Gesamtentwicklung stellt, fällt es vielleicht leichter, zu verstehen, dass Reformen einen sehr langen Atem brauchen und dass bei allen Aufbrüchen auch immer wieder mit Rückschritten und Widersprüchen zu rechnen ist.

Und noch etwas kommt hinzu: Kritik an den Zuständen in unserer Kirche muss eigentlich immer zusammengehen mit dem Eingeständnis, dass ich selber ja auch die Umkehr nötig habe. Die Frage nach der Reformbereitschaft gilt also auch für mich – ich muss bereit sein, mich selbst in Frage zu stellen und zu ändern, wenn ich das von der Kirche und ihren Amtsträgern erwarte. Wir haben versucht, dieser doppelten Blickrichtung in einem Gebet Ausdruck zu verleihen, das im Laufe der Seufzer-Aktion entstanden ist. Der Leser ist herzlich eingeladen, dieses Gebet mitzubeten!

Wort durch den Tag
Großer, gütiger Gott, in einer Zeit der globalen Umbrüche und Krisen bitten wir für unsere Kirche:
Lass sie, geleitet und erfüllt vom Heiligen Geist, die Zeichen der Zeit erkennen. Gib ihr den Mut zur Erneuerung aus der Kraft des Glaubens und hilf ihr, sich einzulassen auf die Herausforderungen einer Welt, die sich in ständigem Wandel befindet. Lass sie die Einheit in der Vielfalt bewahren, ausweiten und stärken.
Wir bitten auch für uns selbst:
Zeige jedem von uns, wie wir zu dieser Erneuerung beitragen können mit den Talenten, die du uns anvertraut hast. Gib uns den Mut zum Zeugnis, die Glaubenszuversicht, die uns beharrlich sein lässt in Zeiten scheinbaren Stillstands und Rückschritts, und lass uns erkennen, was trotzdem an positiven Schritten geschieht. Schenke uns die Gabe des guten Hörens und des richtigen Wortes und bewahre uns vor Resignation, aber auch vor unheiligem Zorn und falscher Selbstgerechtigkeit.

Prof. Dr. Veronica Kircher

Suchen, was trägt: Visionen und Erinnerungen

17. Tag · Montag in der 3. Fastenwoche

Visionen sind lebensnotwenig

Wort der Schrift

Ohne prophetische Offenbarung verwildert das Volk; wohl ihm, wenn es die Lehre bewahrt. (Spr 29,18)

Wort zum Tag

Bei einer Konferenz weltweiter Konzerne fragte man: Was braucht ein Unternehmen, um Zukunft zu haben? Kapital oder Innovation? Die Antwort lautete: Visionen! Menschen entwerfen Pläne, formulieren Ziele, beschreiben mögliche Wege. Was aber ist eine Vision? Visionen im biblischen Sinn sind mehr als klug erdachte Pläne der Menschen. Visionen kommen aus der Tiefe einer geistigen Mitte. Sie sind das Einfallstor Gottes für uns Menschen.

Vision leitet sich aus dem lateinischen „videre" ab und bedeutet „sehen". Ein zukünftiger Zustand wird bereits geschaut und in unserer Vorstellung erschaffen. Eine Vision ist Quelle neuer Dynamik und neuer Aufbruchstimmung. Man kann sagen, die einzig wirksame Gegenkraft gegen Resignation ist die Vision (Zulehner).

„Nur wer Mut hat zu träumen, hat auch Kraft zu kämpfen", sagte Martin Luther King, der Streiter für Freiheit und Gleichheit. In Krisenzeiten und turbulenten Phasen sind Visionen unentbehrlich. Sie sind wie ein Leitstern in der Dunkelheit, wie ein Kompass, der die Fahrtrichtung klärt. In Umbruchszeiten wird oft das Fehlen von Visionen schmerzhaft vermisst. Die Resignation bestimmt dann alles. „Null Bock!" heißt das heute.

„Wo es keine Visionen gibt, geht das Volk zu Grunde", heißt es im Buch der Sprüche. Wenn Robert Schuman und Konrad

Adenauer nicht den Traum von einem vereinten Europa gehabt hätten, wäre die Entwicklung der letzten Jahrzehnte nicht möglich gewesen. Visionen setzen neue Kräfte frei. Deshalb werden sie von Ideologien oft missbraucht. Der Marxismus führte die Proletarier mit dem Traum vom Paradies auf Erden in die Sackgasse. Hitler verführte die Massen mit seiner Ideologie vom 1000-jährigen Reich.

Pioniere erforschen das Land jenseits des Sichtbaren und Bekannten. Sie schreiben die Landkarten, die uns die zukünftige Reise ermöglichen. Auch Kolumbus hatte eine Vision, dass jenseits von „Terra finistra", dem Ende der Welt an der spanischen Küste, neues Land zu entdecken ist. Nicht nur die Realität, sondern auch die inneren Bilder bringen uns voran. Antoine de Saint-Exupéry beschreibt das so: „Wenn du ein Schiff bauen willst, dann versuch nicht zuerst eine Mannschaft zusammenzutrommeln, Holz und Material, Hammer und Nägel zu beschaffen. Wenn du ein Schiff bauen willst, musst du in den Herzen der Menschen die Sehnsucht nach dem weiten Meer wecken."[15]

Aber oft kommt es anders, als man denkt. Die Zukunft ist nicht programmierbar. Wir sind eine Generation, die viele Überraschungen erlebt hat: den Fall der Mauer in Berlin, die Wahl von Obama in den USA. Wer hat damit gerechnet? Sogar die Weltgeschichte verläuft oft anders als geplant.

Wort durch den Tag

Im Dschungel des Alltags verliere ich die Zukunft aus dem Blick. Meine Sehnsucht nach Leben ist geknebelt und gefesselt. Ich habe keine Perspektiven mehr. Wer weckt mein Verlangen wieder? Wer reißt mich aus meiner Müdigkeit herraus?

Vielleicht suche ich falsch? Ich möchte wieder hungrig werden nach Leben. Ich möchte wieder neugierig werden auf die Zukunft. Wer weckt mich auf?

18. Tag · Dienstag in der 3. Fastenwoche

Visionen brauchen Fahrpläne

Wort der Schrift

Der Herr sprach zu Abram: Zieh weg aus deinem Land, von deiner Verwandtschaft und aus deinem Vaterhaus in das Land, das ich dir zeigen werde. Ich werde dich zu einem großen Volk machen, dich segnen und deinen Namen groß machen. Ein Segen sollst du sein. (Gen 12,1-2)

Wort zum Tag

Die Heilsgeschichte lebt aus prophetischen Sehnsuchtsbildern. Sie ist geprägt von Verheißungen und prophetischen Visionen. Das sind gleichsam die Fahrpläne, die Gott schenkt. Wenn wir den Blick von den Bruchstücken vergangener Tage lösen, dann wendet sich unser Blick in die Zukunft. Anschaulich ist das beschrieben in der biblischen Geschichte von der Frau des Lot. Sie war schon auf dem Weg, der sie aus dem Untergang Sodoms errettet hätte. Aber sie bekommt den Blick nicht nach vorne. Sie starrt zurück und erstarrt. Hinter ihr lag die zerstörte Stadt. Vor ihr hätte die Zukunft gelegen.

Das Versprechen der Nachkommenschaft wie Sand am Meer (Abraham), die Verheißung des Gelobten Landes (Mose) oder das Bild des neuen Jerusalems sind die „Realutopien", die zur Quelle neuer Aufbrüche werden. Gott selbst wird zum Wegbegleiter, zum „Wegegott der Nomaden". Aber die Erfüllung der Verheißung ist nicht Menschenwerk. Nur Gott allein hält die Zukunft in seinen Händen. So leben wir im immerwährenden Advent.

Vision: Land und Nachkommenschaft
Geh! heißt das erste Wort. „Zieh weg aus deinem Land" (Gen 12,1f.), und Abraham verlässt alles, Sippe und Vaterland, und wird Nomade. Er glaubt an die Verheißung seines Gottes. Seine Frau Sara wird alt und bleibt kinderlos. Als er nichts mehr zu erhoffen hatte, ruft der „mitgehende Gott" ihn nachts aus dem Zelt und wiederholt sein Versprechen: „Sieh doch zum Himmel hinauf und zähle die Sterne, wenn du sie zählen kannst … So zahlreich werden deine Nachkommen sein" (Gen 15,5). Weil sich die Verheißungen nicht erfüllen, wird Abraham ungeduldig. Er nimmt die Dinge selbst in die Hand und zeugt mit der Magd Hagar einen Sohn (Gen 16,4). Dann erscheinen die drei Engel und Sara wird im hohen Alter schwanger. Das Unmögliche macht Gott möglich und erfüllt seine Verheißungen.

Vision: Ein schönes, weites Land, in dem Milch und Honig fließen
Mose erhält seine Sendung und die Verheißung des Gelobten Landes am brennenden Dornbusch. „Der Herr sprach: Ich habe das Elend meines Volkes in Ägypten gesehen … Ich bin herabgestiegen, um sie der Hand der Ägypter zu entreißen und aus jenem Land hinaufzuführen in ein schönes, weites Land, in ein Land, in dem Milch und Honig fließen …" (Ex 3,7-8). Nach der Befreiung aus der Sklaverei wandert das Volk 40 Jahre durch die Wüste. Immer steht ihnen die Verheißung des Gelobten Landes vor Augen. Oft geriet ihr Glaube in die Krise. Immer wieder murrten sie gegen Mose und Aaron und sehnten sich zurück nach den Fleischtöpfen Ägyptens (Ex 16,6f.). Der Herr gab ihnen das Manna, die Brunnen in der Wüste und Wasser aus dem Felsen. An der Grenze des verheißenen Landes schickten sie Kundschafter aus. Das störrische Volk brauchte viele Ermutigungen und Zeichen, bis der Herr seine Verheißung erfüllen konnte und sie ins versprochene Land führte.

Vision: das neue Jerusalem

In der Babylonischen Gefangenschaft war Israel kein Volk mehr. Es war zerstreut als Sklavenvolk. Jerusalem, ihr Identifikationsort, lag in Schutt und Asche. Da begannen die Propheten von einem neuen Jerusalem zu sprechen. Die Erinnerung wurde zur Quelle neuer Hoffnung. „Denkt doch daran, wie Gott eure Väter aus dem Sklavenhaus Ägyptens errettet hat." Alle Zeichen und Wunder dienten den Propheten, um dem Volk die Rückkehr nach Jerusalem zu versichern. Jesaja spricht vom Wunder der blühenden Wüste und ermutigt die Verzagten: „Die Wüste und das trockene Land sollen sich freuen, die Steppe soll jubeln und blühen … Sagt den Verzagten: Habt Mut, fürchtet euch nicht! Seht, hier ist euer Gott! … Die vom Herrn Befreiten kehren zurück und kommen voll Jubel nach Zion" (Jes 35,1-10).

Vision: das Kommen des Reiches Gottes

Das Reich Gottes steht in der Mitte der Verkündigung des historischen Jesus. „Kehrt um! Das Himmelreich ist nahe" (Mt 4,17; Mk 1,14f., Lk 3,20). Die messianischen Erwartungen Israels erfüllen sich im Evangelium und in den Wundern, die Jesus tat. Mit den Worten und Taten Jesu ist das Reich Gottes angebrochen, aber erst in Zukunft erfüllt es sich. Jesus versteht sich nicht als politischer Befreier, der mit dem Schwert die Römer aus dem Land treibt. In einem langen Lernprozess korrigiert Jesus das Messiasbild auch seiner Jünger. Nach Ostern klagen die Emmausjünger: „Wir aber hatten gehofft, dass er es sei, der Israel erlösen werde" (Lk 24,21). Das Reich Gottes ist ein Reich der Liebe, der Gerechtigkeit und des Friedens (Bergpredigt). Ohne die Vision vom Himmelreich ist die nachösterliche Entwicklung des Christentums nicht erklärbar. Später wandelte sich die Naherwartung zu einer Stetserwartung: „Ihr wisst weder den Tag noch die Stunde …"

Vision: der neue Himmel und die neue Erde
Der neue Himmel und die neue Erde, das himmlische Jerusalem sind die Visionsbilder in der Offenbarung des Johannes. Die Christen, die viele Verfolgungen erleiden, brauchen den Trost dieser Visionen: „Ich sah die Seelen aller, die enthauptet worden waren, weil sie an dem Zeugnis Jesu und am Wort Gottes festgehalten hatten … Sie gelangten zum Leben und zur Herrschaft mit Christus für tausend Jahre" (Offb 20,4). Der endgültige Sieg über Satan wird vorhergesagt (Offb 20,7-10). Nach allen Kämpfen und nach dem letzten Gericht wird Gott unter den Menschen wohnen. Die neue Welt Gottes (Offb 21,1-8) und das himmlische Jerusalem (Offb 21,9-22,5) werden für alle Zeit bestehen. „Es wird keine Nacht mehr geben und sie brauchen weder das Licht einer Lampe noch das Licht der Sonne. Denn der Herr, ihr Gott, wird über ihnen leuchten und sie werden herrschen in alle Ewigkeit" (Offb 22,5). – Biblische Heilsgeschichte birgt ein großes Hoffnungspotential. Der Visionsvorrat ist unerschöpflich. Die Gläubigen, die auf Gottes Wort vertrauen, leben mit offenem Horizont. Wir stehen, wie gesagt, im immerwährenden Advent. Jeder Mensch, jedes Volk braucht neue Bilder der Hoffnung, sonst landen sie in der Resignation.

Wort durch den Tag
Bekannt ist das Wort von Martin Luther: „Wenn morgen die Welt unterginge, würde ich heute noch ein Apfelbäumchen pflanzen." In jedem von uns liegt ein Hoffnungspotential. „Nur wer Mut hat zu träumen, hat auch Kraft zu kämpfen", sagte Martin Luther King. Seine Rede „I have a dream" lernen heute Schulkinder auswendig. „Ich habe einen Traum, dass die Söhne der Herren und Knechte an einem Tisch sitzen …" Seinen Traum von der Überwindung der Rassentrennung bezahlte er mit dem Leben. Aber der Traum wurde Wirklichkeit. Wie kleingläubig sind wir eigentlich?

19. Tag · Mittwoch in der 3. Fastenwoche

Immerwährender Advent

Wort der Schrift

Leg ab, Jerusalem, das Kleid deiner Trauer und deines Elends und bekleide dich mit dem Schmuck der Herrlichkeit, die Gott dir für immer verleiht. Leg den Mantel der göttlichen Gerechtigkeit an; setz dir die Krone der Herrlichkeit des Ewigen aufs Haupt! Denn Gott will deinen Glanz dem ganzen Erdkreis unter dem Himmel zeigen. Gott gibt dir für immer den Namen: Friede der Gerechtigkeit und Herrlichkeit der Gottesfurcht. (Bar 5,1-4)

Wort zum Tag

Die inneren Bilder der Hoffnung sind die Bausteine, um eine neue Welt zu schaffen. Advent ist die Zeit der Erwartung. Advent – lateinisch: adventus – bedeutet Ankunft. Wir warten auf das, was noch kommt. Die Adventszeit ist die Zeit der Vorbereitung auf die Ankunft Christi. Für viele ist Advent nur die stressige Zeit der Vorbereitung auf das Weihnachtsfest. Die eigentliche Bedeutung liegt tiefer. Advent lehrt uns, die Zukunft offenzuhalten. Wir leben im immerwährenden Advent. Ohne Erwartung und ohne die Zusage, dass Wandlung immer neu möglich ist, verkümmert unser Leben.

„Die Zukunft beeinflusst die Gegenwart genauso wie die Vergangenheit." Dieser Satz stammt von Friedrich Nietzsche. Wie kann die Gegenwart auf etwas reagieren, was noch gar nicht geschehen ist? Dennoch ist der Antrieb für menschliches Handeln bestimmt von Erwartungen, Hoffnungen und Visionen. Auch die Angst vor der Zukunft beeinflusst unsere Entscheidungen. Ist der Lärm, den wir zur Jahreswende am Silvesterabend machen, etwa ein Versuch, die diffusen Ängste vor dem Kommenden zu vertreiben?

Die inneren Bilder, die wir von der Zukunft haben, bestimmen unser Denken und Handeln. Aber nicht nur die persönlichen Erwartungen werden dadurch beeinflusst, auch Völker und Nationen stehen unter dem Einfluss der Zukunftsvisionen. Es gibt Zeiten, da ist die wirtschaftliche Situation eines Volkes so miserabel, dass nur noch „Klagelieder" angestimmt werden. Es gibt aber auch Erfahrungen, wie etwa beim arabischen Frühling, wo alle von der Woge der Begeisterung und vom Optimismus getragen werden. Es gibt Kräfte, die uns hoffen lassen „gegen alle Hoffnung", wie der Apostel Paulus schreibt. Er ermutigt uns zum trotzigen „Dennoch". Hoffnungen und Visionen sind die Geschwister der Sehnsucht.

Wieder einmal zeigt sich, welche Dynamik und Kraft der Glaube an eine neue Zukunft in sich birgt. Wechsel und Wandlung – die Worte sagen: Es muss nicht so bleiben, wie es ist. Gegen alle Prognosen der Unheilspropheten kann es anders kommen. Die Erwartung weckt neue Kräfte, wo viele in Lähmung und Depression erstarren.

Es kann immer anders kommen, als man denkt. Jeder hat schon im persönlichen Leben Überraschungen erlebt. An Überraschungen möchte ich glauben können. Und es gibt in meinem Leben viele Gründe, daran zu glauben. Gegen all unsere Erwartungen war zum Beispiel der Fall der Mauer in unserem geteilten Land eine Überraschung, die wohl keiner so erwartet hätte. Advent muss ein Teil meines Lebens bleiben. Wir leben im immerwährenden Advent.

Leben ist wie eine Versuchsstation. Auf den neuen Versuch kommt es an. „Du probierst alles aus, kostest hier, schnupperst dort. Doch das Glück, das du suchst, ist es nicht", heißt es in einem Lied. „Das kann doch nicht alles gewesen sein!", sagen mir Menschen, die nicht auf Sparflamme gelebt haben. Alles konnten sie sich leisten. Nichts hatten sie ausgelassen. Sie waren satt bis zum Überdruss. „Da muss doch noch etwas kommen. Da muss noch Leben ins Leben!"
Vielfältig sind die Lebensentwürfe. Das Wort „Entwurf" weist darauf hin, dass die Suche nie endgültig zur Ruhe kommt. Beim Entwurf bleibt immer ein Rest offen. Es ist uns Menschen eigen, neue Lebensentwürfe zu planen, um dem Traum vom „großen Wurf" näherzukommen.

Ohne die Bilder der Hoffnung würden wir ganz schnell die Flinte ins Korn werfen. Wenn unser Leben keine Wünsche mehr kennt, nach deren Erfüllung wir streben und uns sehnen, dann gibt es auch kein Motiv, sich anzustrengen. Die inneren Wunschbilder bringen uns voran.

Wort durch den Tag
Habe ich im persönlichen Leben Überraschungen erlebt? Rechne ich in Zukunft mit Überraschungen? Ist mein Kalender so verplant und festgelegt, dass ich ärgerlich auf ungeplanten Besuch, auf Überraschungen reagiere? Wie flexibel bin ich eigentlich? Räume ich Gott das Recht ein, mich zu überraschen?

20. Tag · Donnerstag in der 3. Fastenwoche

Erinnerungen

Wort der Schrift

Mose sagte zum Volk: Denkt an diesen Tag, an dem ihr aus Ägypten, dem Sklavenhaus, fortgezogen seid; denn mit starker Hand hat euch der Herr von dort herausgeführt … An diesem Tag erzähl deinem Sohn: Das geschieht für das, was der Herr an mir getan hat, als ich aus Ägypten auszog. Es sei dir ein Zeichen an der Hand und ein Erinnerungsmal an der Stirn, damit das Gesetz des Herrn in deinem Mund sei. Denn mit starker Hand hat dich der Herr aus Ägypten herausgeführt. (Ex 13,3.8-9)

Wort zum Tag

Als Israel auf der Wüstenwanderung murrte und keinen Schritt mehr weiterwollte, da sagte Mose zum Volk: „Erinnert euch doch, wie Gott euch mit starker Hand aus dem Sklavenhaus Ägypten befreit und am Schilfmeer errettet hat" (vgl. Ex 13,3). Erinnerung ist ein wichtiges Grundwort der Bibel. Ein anschauliches Beispiel dafür ist der Appell an das Volk Israel, den Weg nicht zu vergessen, den es in den 40 Wüstenjahren gegangen ist: den Hunger und das bis dahin ungekannte Mannabrot, den Durst im ausgedörrten Land und die Brunnen – Israel sagt: Brunnen sind das Auge Gottes, mit denen er nach uns schaut –, die gefährliche Wüste mit Feuernattern und Skorpionen und dann die Entdeckung des prächtigen Landes mit Ölbäumen, Wein und Honig. Sie sollen sich erinnern und davon erzählen, wie sie überrascht merkten, dass sie nicht mehr in Armut lebten, wie sie großartige Häuser bauten und darin einzogen, und ihr Besitz sich vermehrte.

In den Psalmen wird immer wieder an die Großtaten Gottes an seinem Volk erinnert, damit sie nicht mutlos aufgeben: „Mein Geist verzagt in mir, mir erstarrt das Herz in der Brust. Ich denke an die vergangenen Tage, sinne nach über all deine Taten, erwäge das Werk deiner Hände. Ich breite die Hände aus und bete zu dir; meine Seele dürstet nach dir wie lechzendes Land" (Ps 143,4-6).

Sie sollen immer wieder von ihrer Geschichte erzählen, von ihren Leiden und Ängsten und von ihren Erfolgen und Freuden. Vor allem sollen sie nicht aufhören zu erzählen, woher sie gekommen sind: aus dem Sklavenhaus Ägypten. Alles noch so mühsam errungene oder erkämpfte Glück ist nicht selbstverständlich, sondern es ist Geschenk: „Denk nicht bei dir: Ich habe mir diesen Reichtum aus eigener Kraft und mit eigener Hand erworben. Denk vielmehr an den Herrn, deinen Gott: Er war es, der dir die Kraft gab, Reichtum zu erwerben" (Dtn 8,17f.).

So soll das Erinnern zum Dank werden. Und gerade das tut Israel gut. Wenn es Erinnerung und Dank vergäße, hätte es keine Zukunft. Als Israel später in der Babylonischen Gefangenschaft nichts mehr zu erwarten hatte, als Jerusalem in Schutt und Asche lag, da verkündeten die Exilpropheten: „Denkt doch einmal nach … erinnert euch an die Großtaten Gottes! Wie wunderbar hat er euch immer wieder errettet." Und aus der Erinnerung wachsen neue Zuversicht und Hoffnung.

Auch im Evangelium verspricht Jesus: Ich bin alle Tage bei euch! Die Jünger feierten im Auftrag Jesu das Abendmahl. Aus der Erinnerung an Jesus Christus lebt der christliche Glaube. „Tut dies zu meinem Gedächtnis", hat Jesus am Abend vor seinem Tod den Jüngern gesagt. In jeder Eucharistiefeier denken wir an den Tod und die Auferstehung des Herrn. Wir brechen das Brot und erinnern uns an den, der am Kreuz sein Leben für uns (pro vobis) hingegeben hat.

Wort durch den Tag

Wir leben aus den Erinnerungen, wie es die Kindergeschichte „Frederik" erklärt: „Ich sammle Sonnenstrahlen für die kalten Wintertage. Ich sammle Farben für die grauen Stunden." Fotos von Familienfesten und vom Urlaub sind wichtig. Für mich ist auch die Feier der Eucharistie eine lebendige Erinnerung an Jesus Christus.

21. Tag · Freitag in der 3. Fastenwoche

Universale Eucharistie

Wort der Schrift
Jesus, der Herr, nahm in der Nacht, in der er ausgeliefert wurde, Brot, sprach das Dankgebet, brach das Brot und sagte: Das ist mein Leib für euch. Tut dies zu meinem Gedächtnis! Ebenso nahm er nach dem Mahl den Kelch und sprach: Dieser Kelch ist der Neue Bund in meinem Blut. Tut dies, sooft ihr daraus trinkt, zu meinem Gedächtnis! Denn sooft ihr von diesem Brot esst und aus dem Kelch trinkt, verkündet ihr den Tod des Herrn, bis er kommt. (1 Kor 11,23-26)

Wort zum Tag
In der Krisenzeit unserer Gesellschaft und unserer Kirche ist es Teilhard de Chardin[16] gewesen, der mein Eucharistieverständnis aus dem Gefängnis der subjektiven Frömmigkeit befreite. Die Eucharistie ist eine Kraft der Verwandlung, die unsere ganze Schöpfung durchdringt.

Mysterium fidei – „Geheimnis des Glaubens", sagen wir nach der Wandlung in der Mitte der Eucharistie. Ein Mysterium ist kein Mirakel und auch keine Wand, gegen die man anrennt; eine Wand, vor die der Intellektuelle kapitulieren müsste. Ein Mysterium ist wie ein Meer, in das man eintaucht. Ich kann noch so weit schwimmen und so tief tauchen, seine Weite und Tiefe werde ich nicht ausloten.

Gerade in Krisenzeiten sind die Quellen wichtig, aus denen man schöpfen kann. Wir brauchen wieder so etwas wie Wünschelrutengeher. Sie entdecken mit der Wünschelrute in Dürrezeiten die unterirdischen Wasseradern. Sie legen die Brunnen frei, aus denen die Erschöpften neue Lebenskraft gewinnen.

Was gibt mir als Ordensmann Kraft und Zuversicht? Meine
Grenzen, meine innere Dürre und Trockenheit erfahre ich
täglich. Meine Ohnmacht angesichts der religiösen Gleichgültigkeit, angesichts der leeren Kirche, die wir bald schließen müssen. Das legt sich wie ein depressiver Schatten auf
meine Seele. Was lässt mich dennoch hoffen?

Kann man es schöner sagen als im Zeichen des gebrochenen
Brotes? Brot – Frucht der Erde und der menschlichen Arbeit.
Alltägliches Brot, das nur gut schmeckt, wenn wir es teilen.
Brot kann ja sehr Unterschiedliches bedeuten. Im
Bäckerladen ist Brot eine Ware, die man verkaufen will. Wenn
die Mutter das Brot auf den Tisch bringt, wird es ein
Nahrungsmittel, das wichtigste Lebensmittel, das uns sättigt.
Freunden setzt man ausgesuchte Brotsorten vor. Brot wird
zum Zeichen der Gastfreundschaft.

Ein Mann erzählte mir von den schrecklichen Gefangenenla-
gern in Sibirien. Auf dem langen Marsch durch die Schneewüste konnte sein Kamerad nicht mehr weiter. Er nahm sein
letztes Stück Brot und gab es mir mit den Worten: „Vielleicht
schaffst du es!" Das Brot seines Freundes, der sein Leben in der
Schneewüste Sibiriens verlor, schenkte ihm das Leben.
Jahrelang konnte er kein Brot essen, ohne an seinen Freund zu
denken.

Am Abend vor seinem Tod nahm Jesus Brot in seine Hände
und brach das Brot. Er wusste um den Verrat. Er war sich
bewusst, dass er den Kreuzweg gehen musste. Am letzten
Abend feierte er mit seinen Jüngern das Paschamahl. Seine
ganze Liebe und Hingabe legte er hinein. „Ihr dürft mich
nicht vergessen! Ihr müsst euch immer wieder erinnern an
meine Worte und an meine Liebe. Und wenn ihr das Brot
brecht, dann bin ich bei euch. Denn ich selbst bin das Brot,
gebrochen und gestorben für euch. Tut dies zu meinem
Gedächtnis!" Wir nehmen dieses Brot ernst. Es ist das Ver-

mächtnis seiner Liebe. Hochheiliges Zeichen in unüberbietbarer Realität. Bis zum letzten Krümel nehmen wir es ernst. Es ist nicht wie das Manna, dass unsere Väter gegessen haben und doch gestorben sind. „Wer von diesem Brot isst, wird leben in Ewigkeit" (Joh 6,51).

Das Paschamahl ist ein Gedächtnismahl, das Abendmahl auch. Beim Paschamahl wird der Befreiung aus dem ägyptischen Sklavenjoch gedacht. Beim Abendmahl erinnert man sich an die Befreiung aller aus Sünde und Schuld durch die Erlösungstat Jesu. Damals strichen sie das Blut des Lammes an die Türpfosten und der Racheengel verschonte sie. Christus, das Lamm Gottes, schenkte am Kreuz sein Leben zur Vergebung aller Schuld.

Eucharistie ist ein nie auslotbares Geheimnis. Auf einer Bergtour feierten wir die Eucharistie auf einen Berggipfel in 3000 m Höhe. Unter uns ein Gletscher, die Abgründe und das ewige Eis. Ein Felsbrocken war unser Altar. Ein Freund, der mitfeierte, sagte: „Mich berührt hier der Gedanke von Teilhard de Chardin: ,Die sakramentale Hostie wird umhüllt mit der unendlich viel größeren Hostie, die nichts weniger ist denn das Universum selbst.'" Die ganze Welt ist unser Altar bis in die Abgründe der Erdgeschichte vom Alpha bis zum Omega der Schöpfung, die sich ständig wandelt. „Über alles Leben, das an diesem Tag keimen, wachsen und reifen wird, sage: Dies ist mein Leib."

Und wir feiern die Wandlung in der Eucharistie. Wir selber werden in diese Verwandlung hineingezogen. Wie in einem Brennspiegel sammeln sich die Kräfte der Verwandlung in der Eucharistie. Himmel und Erde berühren sich. Schöpfer und Geschöpf begegnen sich im Liebesmahl, der innigsten Vereinigung und höchsten Vollendung. Der eucharistische Christus durchdringt den Kosmos, heiligt die Materie. Und so verklärt die Eucharistie unsere Welt nach und nach: Die Messe ist „ein

Ereignis des Weltalls, die Krönung ihrer Schönheiten, ihrer An-
strengung, ihres Leidens und ihrer geheimen Sehnsucht."

Daraus folgt, so schreibt Teilhard de Chardin: „Die Eucharistie
verpflichtet uns, ganz Kinder dieser Erde zu werden, aber
zugleich diese Erde mit dem Geist Christi zu durchdringen,
alle unsere irdische Tätigkeit in den Dienst der Verwandlung
des Kosmos zu stellen. Wenn wir also die Eucharistie feiern,
nehmen wir alle Kräfte der Evolution in uns auf und führen
das Weltall seiner letzten Vollendung entgegen."

Wort durch den Tag

Universale Eucharistie

Dein Leib
In meinen Händen
So klein bist DU

Das Universum
In meinen Händen
So groß bist DU

Dein Leib
In meinem Leib
So nah bist DU

Lass mich leben
Aus deinem Leib
Mit jeder Zelle meines Leibes
In jedem Atemzug
In jedem Gedanken
In jedem Wort

Lass mich leben
Aus der Kraft des Universums
Mit der DU die Sterne
hältst auf ihrer Bahn
Monde und Sonnen
Den Erdkreis
Und mich

Edeltraud Bülow[17]

22. Tag · Samstag der 3. Fastenwoche

„Denn du bist bei mir"

Wort der Schrift

Der Herr ist mein Hirte, nichts wird mir fehlen. Er lässt mich lagern auf grünen Auen und führt mich zum Ruheplatz am Wasser. Er stillt mein Verlangen; er leitet mich auf rechten Pfaden, treu seinem Namen. Muss ich auch wandern in finsterer Schlucht, ich fürchte kein Unheil; denn du bist bei mir. (Ps 23,1-4)

Wort zum Tag

In dieser Situation des Suchen und der Unsicherheit vor der Zukunft hilft mir das Wort von Immanuel Kant. Dieser große Philosoph sagte: „Alle Bücher, die ich gelesen habe, haben mir nicht das gegeben, was ein Wort aus der Bibel mir gab: ‚Denn du bist bei mir.'" Dies ist das wichtigste Wort in seinem Leben. Dieser Glaube an den mitgehenden Gott hat ihn nie verlassen. Es ist für ihn das Geschenk seines Glaubens.

In Psalm 23 ist Gott der gute Hirt, der mich führt und begleitet, der den Tisch für mich deckt und in der Gefahr mich beschützt: „Muss ich auch wandern in finsterer Schlucht, ich fürchte kein Unheil; denn du bist bei mir."

Vielleicht meinte das ein Obdachloser, als er zu mir sagte: „Mensch, du hast es gut, dass du glauben kannst." Er meinte mit seiner Bemerkung wohl so etwas wie ein Fundament unter den Füßen, wenn die Stürme uns schütteln und rütteln. Er stellte sich vielleicht so etwas wie eine Hand vor, die uns hält, wenn nur noch der Alkohol bleibt, wenn die grauen Tage uns depressiv machen wollen.

Am Anfang von allem und an unser aller Ursprung steht
nicht irgendetwas, sondern Gott in seiner schöpferischen
Liebe. Er hat jede und jeden von uns beim Namen gerufen.
Das ist der Grund unserer besonderen Würde. Wir sind
keine Nummer in der Lotterie des Lebens. Wir sind weder
Zufallsprodukte noch Blindgänger. Jeder ist ein Original, keiner eine Kopie. Schon jedes Blatt am Baum ist ein einmali-
ges Exemplar. Die Schöpfung kennt kein Klonen.

Mit jedem, mit jeder hat Gott Besonderes vor. Das zu wissen,
kann unseren Tagen mehr Leben geben, ob wir jung sind oder
hochbetagt, erfolgreich oder ein Pechvogel, unbefangen oder
durch eine tiefe Verletzung gezeichnet. „Liebe deine Geschichte", sagt Leo Tolstoi, „sie ist der Weg, den Gott mit dir geht."

Ich kann darauf vertrauen: „Muss ich auch wandern in finsterer Schlucht, ich fürchte kein Unheil; denn du bist bei mir."
Diese Wegbegleitung erfahre ich im Vertrauen auf die Engel,
die Boten Gottes. Er hat nicht nur meinen Namen in seine
Hand geschrieben, er hat mir einen Wegbegleiter zur Seite
gestellt, der mit mir geht durch dick und dünn. Schutzengel
nennen wir ihn. Wenn wir an diese innige Zuwendung Gottes
zum Menschen glauben, sind auch die Engel ein Beweis seiner
Zärtlichkeit. Engel zeigen, dass der Gott der Bibel ein men-
schenfreundlicher Gott ist. Er genügt sich nicht selbst fern über
den Wolken. Er hat ein leidenschaftliches Interesse an uns
Menschen. Er zeigt sich als mitgehender Gott, als Gott
Emanuel. Er begleitet sein Volk durch die Wüste am Tag in der
Wolkensäule und in der Nacht als Feuersäule. Er zeigt sich in
den Dornen und Stacheln des brennenden Dornbusches. Er
wählte die Dornen, weil er Israels Bedrängnis sah. Er ist sogar
vom Himmel herabgestiegen. Die Menschwerdung seines
Sohnes ist das unüberbietbare Zeichen seiner Liebe zu uns
Menschen. „So sehr hat Gott die Welt geliebt", schreibt der
Evangelist Johannes. Heilsgeschichte ist eine Liebesgeschichte.

Und in diese Beziehungsgeschichte Gottes mit uns Menschen gehören die Engel.

Gott bleibt nicht auf Distanz. Er hat einen jeden von uns gern. Ich bin überzeugt, dass Gott einen jeden Menschen ganz persönlich ins Herz geschlossen hat. Er will das Glück für jeden. Der Schutzengel ist wie das Antlitz Gottes, das nach mir schaut. „Von guten Mächten wunderbar geborgen" (Alfred Delp). Der Schutzengel ist die Aufmerksamkeit Gottes, ein Liebesbeweis für jeden Einzelnen. Darauf möchte ich vertrauen. Viele haben sich heute einen Ersatz geschaffen. Ein Talismann aber ist kein Engel. Die Maskottchen sind nur merkwürdige Nachkommen der Schutzengel. Jedes Horoskop ist nur kläglicher Glaubensersatz. Alle sind sie ein unübersehbares Zeichen für eine leere Stelle im Dasein der Menschen unserer Tage.

Wort durch den Tag

Unsere Lebensreise ist ein Abenteuer. Nur eines ist gewiss: Du bist da.

In unserer Angst vor der Zukunft: Du bist da.

In unserer Sorge um den Alltag: Du bist da.

Nur eines ist gewiss: Du bist da.

Ich halte daran fest! Können Sie das nachvollziehen?

Auf dem Weg nach Santiago konnte ich dieses Foto machen. Mancher wird sagen: ein zufälliges Wolkengebilde. Für mich war es ein schönes Zeichen, das sagt: Gott schaut nach mir. Er hat meinen Schutzengel beauftragt, mich zu behüten auf all meinen Wegen.

Aussteiger und
Suchende heute

23. Tag · Montag in der 4. Fastenwoche

Die eigene Spur wiederfinden

Wort der Schrift

Darauf sagte Tobit zu Tobias: Mach dich fertig zur Reise! Ich wünsche euch alles Gute auf den Weg. Als der Sohn alles für die Reise vorbereitet hatte, sagte sein Vater zu ihm: Mach dich mit dem Mann auf den Weg! Gott, der im Himmel wohnt, wird euch auf eurer Reise behüten; sein Engel möge euch begleiten. Da brachen die beiden auf und der Hund des jungen Tobias lief mit. (Tob 5,17)

Wort zum Tag

Mein letzter Arbeitstag lag hinter mir – ein halbes Jahr, nachdem ich im Oktober 2005 gekündigt hatte. Jetzt war es endgültig. Ich hatte meine sichere Arbeitsstelle in unserem Familienunternehmen aufgegeben, ohne etwas konkretes Neues in Aussicht zu haben. Ich wusste noch nicht, wie es weitergehen würde. Einzig klar war, dass ich einen knappen Monat später den Jakobsweg gehen würde, mit dem Ziel, nach Santiago de Compostela zu pilgern. Über drei Jahre hatte mich der Weg immer wieder auf unterschiedlichste Weise „gerufen". Ich denke, dass die Beschäftigung mit dem Jakobsweg – durch das Lesen zahlreicher Bücher über ihn – dazu geführt hatte, dass ich irgendwann den Mut aufbrachte, meinem Leben eine neue Richtung zu geben. Der Weg war ein willkommenes Mittel, um Abstand vom bisherigen Alltag zu finden, die eigene Spur wiederzufinden und ganz neu aufzubrechen.

Ich wollte aufbrechen in ein neues unbekanntes Leben und nochmals von vorne beginnen. Ich wollte mich erinnern, was an vergangenen Träumen und Sehnsüchten noch in mir übrig war. Ich wollte einen Aufbruch, um Antworten auf meine vielen Fragen zu finden. Aufbruch, um mich neu orientieren zu können, ohne dabei alten Ballast mit mir herumschleppen zu müssen. Aufbruch, um einen neuen Sinn zu finden. Aufbruch in eine Verantwortung nur für mich selbst. Ich wollte aufbrechen in eine Zeit, in der ich endlich lernte, mich so zu lieben, wie ich bin, und nicht, wie ich meinte, sein zu müssen, um geliebt zu werden.

Dazu hatte ich Abschied genommen: von Menschen, die mir nahestehen. Ich hatte Abschied genommen von der materiellen Sicherheit durch den festen Job als Geschäftsleiterin; Abschied von einem Leben, das aus überwiegend Arbeit bestand und mir viel Kraft und Motivation genommen hatte; von der Verantwortung, die mir immer mehr zu Last geworden war; Abschied von einem Leben, das für mich als Frau kein eigenes Familienleben zugelassen hatte. Ich nahm Abschied von der eigenen Unzufriedenheit, die nicht im Äußeren begründet war, sondern im tiefsten Inneren brodelte. Ich wollte nicht mehr länger über die Frage nach dem Sinn in meinem eigenen Leben nachdenken, ohne überhaupt die Zeit dazu zu haben.

Meine Pilgerschaft hat mir all dies ermöglicht. Der Jakobsweg hat mir gezeigt, wie wichtig es ist, sich Zeit für sich selbst zu nehmen. Der einfache und klar strukturierte Pilgeralltag, das intensive Nachdenken und das Bei-mir-Sein ebenso wie die vielfältigen Begegnungen mit den anderen Pilgern haben dazu beigetragen, dass ich mir selbst immer mehr auf die Spur kommen konnte. Ich habe meinen Glauben neu entdeckt und bin mir sicher, dass ich seither ganz anders getragen bin. Meine Zuversicht ist tief und fest verwurzelt in Christus.

Auf dem Jakobsweg bekam ich die ersten Impulse zu meinem neuen Lebensweg, Ideen kristallisierten sich heraus. So hatte ich mit meinem Pilgerfreund intensive Gespräche über meine berufliche Zukunft geführt. An unserem letzten Abend sprach er aus, was mich auf dem Weg bereits die ganze Zeit beschäftigt hatte. Er empfahl mir, eine beraterische oder therapeutische Ausbildung zu machen, da ich aus seiner Sicht eine hohe Wahrnehmung für andere Menschen hätte, ihnen wertschätzend begegnen würde und dennoch eine gute und gesunde Distanz wahren könnte. Für mich war dieser Abend ein Geschenk. Viele meiner Begegnungen und Erlebnisse auf dem Jakobsweg waren Geschenke. So oft hatte ich das Gefühl, ich bin getragen. Ein Geschenk hatte ich übrigens schon vor meinem Aufbruch nach Santiago de Compostela bekommen. In der gleichen Woche, in der ich gekündigt hatte, lernte ich den Mann kennen, der heute mein Ehemann ist.

Nach meiner Rückkehr verdichteten sich die Ideen mehr und mehr. Relativ schnell war klar, dass ich eine Ausbildung in systemischer Beratung mache, weitere Ausbildungen in dieser Richtung folgten. Heute – fast 7 Jahre nach meiner Rückkehr – arbeite ich selbstständig als Beraterin und Supervisorin. Ich habe die Arbeit mit Menschen in den Mittelpunkt gestellt und begleite Teams und Führungskräfte wie auch Menschen, die sich verändern möchten, in ihren Entwicklungsprozessen. Auch in dieser Zeit, die nicht einfach war – der Markt ist voll von guten Beratern –, hat mir meine Liebe zu Gott immer wieder Kraft und Zuversicht gegeben. Ich habe nie daran gezweifelt, dass mein neuer Weg der rich-

tige für mich ist. Seit dem Jakobsweg weiß ich, dass Gott mir täglich in vielerlei Beziehung und Gewändern begegnet. Ich muss es nur sehen und vor allem fühlen wollen. Auf dem Weg hat mich damals ein Reisewunsch begleitet, der von Meister Eckhart stammt, er bedeutet mir auch heute noch viel: „Die Welt von innen zu betrachten, sich von innen bewegen zu lassen, führt zum eigenen Lebensweg! Was ist mein Leben? Was von innen her, aus sich selbst bewegt wird. Das aber lebt nicht, was von außen bewegt wird."
Der Jakobsweg hat mich gelehrt, wie wichtig es ist, der eigenen inneren Stimme Raum zu geben und ihr gut zuzuhören. Nur so hat meine Suche ihre Erfüllung gefunden.

Wort durch den Tag
„Die Welt von innen zu betrachten, sich von innen bewegen zu lassen, führt zum eigenen Lebensweg! Was ist mein Leben? Was von innen her, aus sich selbst bewegt wird. Das aber lebt nicht, was von außen bewegt wird."
Beobachten Sie heute einmal, wo Sie sich von innen her – ganz aus sich selbst heraus – bewegen und wo Sie von außen bewegt werden. Wie ist die Balance zwischen Selbstbestimmung und Fremdbestimmung? Wo sind Sie noch auf der Suche in Ihrem Leben, wo haben Sie sich schon gefunden?

Sabine Dankbar[18]

24. Tag · Dienstag in der 4. Fastenwoche

Suche nach Befreiung

Wort der Schrift

Meine Augen schauen stets auf den Herrn; denn er befreit meine Füße aus dem Netz ... Befrei mein Herz von der Angst, führe mich heraus aus der Bedrängnis! Sieh meine Not und Plage an und vergib mir all meine Sünden! ... Erhalte mein Leben und rette mich, lass mich nicht scheitern! Denn ich nehme zu dir meine Zuflucht. (Ps 25,15.17-18.20)

Wort zum Tag

Gott klopfte erstmals vernehmbar bei mir an, als ich in einer tiefen Lebenskrise steckte. Meine innere Leere hatte ich jahrzehntelang mit viel Essen, viel Alkohol und viel Nikotin zu überwinden versucht. Aber anstatt Sinn und Lebensfreude zu finden, spürte ich ein immer größeres Loch in mir. Die Ersatzbefriedigungen entwickelten ein dämonisches Eigenleben, das mir die Freiheit raubte.

„Vielleicht solltest du mal wieder beten", sagte mein Bruder Frank, dessen Leben der Glaube sehr positiv verändert hatte. „Manchmal ist es so, dass wir Gott außen vor lassen, weil wir im tiefsten Innern einfach nicht glauben wollen."

Wie war das bei mir? Ich wollte schon! Aber meine Suche nach Befreiung mit Kirche zu verbinden, schien mir irgendwie absurd. Schließlich tat ich es in meiner Verzweiflung doch.

Eines Tages sagte der Priester während der Predigt fast beiläufig: „All unsere Süchte und Sehnsüchte entspringen einzig und allein dem Bedürfnis, geliebt zu werden, unendlich geliebt zu werden."

Was diese Worte in mir auslösten, kann ich nicht beschreiben. Ich weiß nur, dass ich seither keinen Sonntagsgottesdienst mehr verpasste und sogar zu Werktagsmessen ging. Hatte ich mich vorher im Abseits befunden, fühlte ich mich plötzlich mittendrin im Geschehen.

Ein weiteres einschneidendes Erlebnis hatte ich während der Teilnahme an einer Gebetsgruppe, zu der mich mein Bruder Frank mitnahm. Wir sangen, tauschten Erfahrungen aus, lasen theologische Texte. Zum Schluss beteten wir laut füreinander. Laute persönliche Fürbitten waren etwas ganz Neues für mich. „Wir beten insbesondere auch für dich, Anna!" Dass die anderen ein gutes Wort bei Gott für mich einlegten, brachte mein Innerstes zum Glühen. Ich spürte so viel Kraft und neuen Mut wie schon lange nicht mehr.

Endlich beschloss ich, alles auf eine Karte zu setzen. Oder war es nicht in Wahrheit Gott selbst, der mich zu dieser Entscheidung führte? „Ich will zur Beichte gehen und ein neues Leben beginnen", sagte ich zu meinem Bruder. Bisher hatte ich nur als Kind vor meiner ersten Kommunion gebeichtet, danach nie wieder. Noch war mir bei dem Gedanken mulmig zumute. Aber nicht mehr lange. Denn diese Beichte veränderte mein Leben tatsächlich von Grund auf.

Eine zentnerschwere Last fiel von mir. Mir war, als ergriffe jemand meine Hand und zöge mich hinauf ins Licht. „Da bist du endlich!", spürte ich Gottes Worte in meinem Herzen. „Warum hattest du es immer so eilig? Warum hast du nicht früher innegehalten und dich zu mir umgedreht? Ich war immer da." Warum hatte ich nie Therapien gewollt, sondern bis zu diesem Tag gewartet? Ich weiß es nicht. Es bleibt Gottes Geheimnis.

Im Anschluss an diese Beichte überwand ich von einem Tag auf den anderen meine Esssucht. Wie ich später feststellte, geschah es genau am Gedenktag des heiligen Jakobus, der so viele Menschen nach Santiago lockt. Mich dann auch. Einige Jahre später reduzierte ich nach einer vierzigtägigen alkoholfreien Fastenzeit meinen Alkoholkonsum auf ein Minimum. Zuletzt gab ich sogar nach dreißig Jahren das Rauchen auf. Dafür wählte ich bewusst den Todestag des heiligen Franziskus, der Schutzpatron unserer Gemeinde ist. In Jakobus und Franziskus habe ich großartige Verbündete und Fürsprecher. Außerdem hat Gott mir einen starken geistlichen Begleiter gegeben.

Nach meiner Beichte setzte ich äußere Zeichen meiner inneren Umkehr, indem ich mich einer Gebetsgruppe anschloss und ein Ehrenamt in der Gemeinde übernahm. Von lieben Menschen ließ ich mir zum Geburtstag einen wunderschönen auferstandenen Christus aus Ahornholz schenken. Wenn es mir mal schlecht geht, schaue ich diesen Christus mit seinen ausgebreiteten Armen an und werde daran erinnert, welche Auferstehungserfahrungen mir schon auf dieser Welt zuteilwurden.

Meine Sehnsucht, unendlich geliebt zu werden, wird erst durch die Vereinigung mit Gott nach dem Tod gestillt werden können. Aber auf dem Weg dorthin gibt es Liebesbeweise von Gemeindemitgliedern, die mir ans Herz gewachsen sind. Und Liebe zu geben, macht mich wenigstens ebenso froh. Das warme, offene Miteinander, wie Christen es praktizieren, gibt meinem Leben seinen Sinn. Der auferstandene Christus hat mich zu einem neuen Leben befreit.

Wort durch den Tag
Verstehen Sie diesen Satz? „All unsere Süchte und Sehnsüchte entspringen einzig und allein dem Bedürfnis, geliebt zu werden, unendlich geliebt zu werden." Welche Rolle spielt die Liebe für mich? Wovon werde ich satt? Augustinus schrieb: „Suche, was du suchst, aber vielleicht nicht dort, wo du suchst!"

Anna Stern

Gottes Liebe leben

Wort der Schrift

Jetzt erkenne ich unvollkommen, dann aber werde ich durch und durch erkennen, so wie ich auch durch und durch erkannt worden bin. Für jetzt bleiben Glaube, Hoffnung, Liebe, diese drei; doch am größten unter ihnen ist die Liebe. (1 Kor 13,12-13)

Wort zum Tag

Meine Mutter hat immer gesagt: „Finden, nicht suchen" und zog los, um ihren Schlüssel zu finden. Doch so einfach war es für mich nicht.

Viele Jahre war ich in meinem Leben auf der Suche. Privat suchte ich nach der perfekten Partnerin, nach der Versöhnung mit der Familie, nach dem kleinen Glück, dass doch jedem zuteilwerden soll. Beruflich suchte ich nach immer neuen Herausforderungen, nach größeren Projekten, nach mehr Bestätigung und Anerkennung. Am Ende suchte ich wohl nach Liebe und Zutrauen, nach Verlässlichkeit und Wertschätzung, nach Geborgenheit und Zärtlichkeit.

Doch in all den Jahren schien ich dem Ziel nicht näherzukommen. Ganz im Gegenteil, immer neue Widerstände stellten sich mir in den Weg, immer neue Rückschläge rüttelten mich durch. Dabei war ich mir sicher, von Gott geführt zu sein. Doch wieso bekam ich das, was ich suchte, nicht zu fassen?

Meine Beziehung zerbrach und auch die Firma kam in immer größere Turbulenzen. Doch in diesem Moment war ein Punkt erreicht, an dem sich die Wolken verzogen und der Blick das erste Mal seit Jahren wieder ein wenig klar wurde.

In diesem Moment, in dem es nichts mehr zu suchen gab –
es war ja alles weg –, gab es ein ganz neues Empfinden.

Ich konnte auf einmal erkennen, welche Geschenke meine
Welt für mich bereithielt: meine Eltern, die so unverbrüchlich
zu mir standen, meine heutige Frau, die ich genau in diesem
Moment kennen lernte, und meine Freunde. So konnte ich
die folgende Insolvenz tatsächlich als einen Neuanfang begreifen.

Und auch eine neue Lebensaufgabe zeigte sich. All die Jahre
zuvor hatte ich verkauft. Doch um verkaufen zu können,
müssen die Kunden etwas vermissen. Sie müssen etwas
suchen, das sie bei mir finden und dann unbedingt kaufen
wollen. Also war ich all die Jahre damit beschäftigt, das
Suchen meiner Kunden zu unterstützen. Da passte es ja her-
vorragend, dass ich auch so ein Sucher war. Auch einer von
denen, die immer das Gefühl haben, dass etwas fehlt.

Und nun begegnete ich einer Einrichtung für geistig Be-
hinderte. Das erste Mal erlebte ich Menschen, die nichts
suchten, die alles schon gefunden hatten. Dieses Erleben,
dieses Staunen und das tiefe Mitgefühl, hier etwas Wichtiges
lernen zu können, ließen in mir den Entschluss reifen, meinem Leben einen Richtungswechsel zu geben. Ich wollte in
einer solchen Umgebung in Zukunft arbeiten. So wurde mir
mit der Zeit bewusst, dass es nicht um das Suchen geht, sondern um das Finden, um das Erkennen, dass alles schon da
ist, dass am Ende nichts fehlt. Ist das Suchen doch immer mit
einem Mangel verbunden – sonst würde man ja nicht suchen, ist das Finden so etwas wie die Fülle des Augenblicks.
Wer kann sich nicht an das Glücksgefühl erinnern, wenn er
nach langem Suchen etwas endlich gefunden hat!

Was aber, wenn es des Suchens gar nicht bedarf? Wenn
durch Christus das Geschenk des Findens schon gegeben
wurde? Wenn der Blick aus der Zukunft der unerreichbaren

Ziele auf die Gegenwart des Augenblicks fällt? Das Suchen ist immer mit etwas Zukünftigem verbunden, das Finden immer mit dem gegenwärtigen Augenblick. Erst als meine Zukunft zusammenbrach, konnte ich die Fülle der Gegenwart erkennen. Hier zeigt sich Christus auf ganz unverkennbare Weise im Hier und Jetzt. Ich verstehe Christus so, dass er mir sagt: „Du musst nicht erst scheitern, es muss nicht erst alles zusammenbrechen, du kannst hier und jetzt schon erkennen, dass alles für dich bereit ist."

Dadurch, dass Christus den Weg der Kreuzigung gegangen ist, hat er alles, was wir als Scheitern, als Verzweiflung empfinden, auf sich genommen. Er ist diesen Weg schon für uns gegangen. Er hat diesen Moment, wo es keinen Ausweg mehr zu geben scheint, für uns durchlebt. Diesen Moment, wo alle Hoffnung zerstört ist. Diesen Moment, wo Jesus spricht: „O Herr, mein Vater, warum hast du mich verlassen?" Und dann erscheint Gottes Gnade. Gott zeigt uns durch die Auferstehung Christi, dass der Tod, dass das Scheitern, dass die Verzweiflung nicht das Ende sind, sondern der Anfang. Der Schmerz wird dadurch nicht kleiner, die Trauer nicht geringer, die Verzweiflung wird nicht auf einmal verschwinden, doch es gibt Hoffnung. Hoffnung im Glauben an Gott und seinen Sohn Jesus Christus.

Gu Hupfeld-Dankbar

Wort durch den Tag

„Du musst nicht erst scheitern, es muss nicht erst alles zusammenbrechen, du kannst hier und jetzt schon erkennen, dass alles für dich bereit ist." Was denken Sie bei diesem Satz? Ein Freund meinte: Das versuche ich jeden Tag. Ich nenne das den Versuch, in der Gegenwart Gottes die Liebe zu leben.

26. Tag · Donnerstag in der 4. Fastenwoche

Trotzdem und dennoch

Wort der Schrift
Jetzt aber – so spricht der Herr, der dich geschaffen hat, Jakob, und der dich geformt hat, Israel: Fürchte dich nicht, denn ich habe dich ausgelöst, ich habe dich beim Namen gerufen, du gehörst mir. Wenn du durchs Wasser schreitest, bin ich bei dir … Wenn du durchs Feuer gehst, wirst du nicht versengt … Denn ich, der Herr, bin dein Gott. (Jes 43,1-3)

Wort zum Tag
Wenn ich auf meine Berufstätigkeit zurückschaue, dann kann ich nicht sagen, dass es ein bestimmtes Ereignis war, das mich vor 7 Jahren bewogen hat, im Alter von 51 Jahren noch einmal zur Universität zu gehen und Theologie zu studieren. Es war vielmehr ein langsames Daraufzugehen. Als Motivation für einen kirchlichen Beruf kann ich viele Gründe nennen. Die Kirche ist der Ort, an dem ich mich einbringen möchte, denn sie ist ein Stück Heimat für mich. Es ist mir daher ein Anliegen, dass sich wieder vermehrt Menschen in der Kirche beheimatet fühlen können. Meine Lebenserfahrung als Mutter von zwei erwachsenen Kindern und meine Kompetenzen, die ich mir in meinem Beruf als Opferberaterin und Therapeutin im Umgang mit Menschen in schwierigen Lebenssituationen angeeignet habe, geben mir einen soliden Boden, um den Fragen und Nöten, die mir in der Seelsorge begegnen, gewachsen zu sein.
Und letztlich ist es auch die Dimension des Transzendenten, des nicht Verfügbaren, die mich in der Theologie fasziniert. Dies ist, aus meiner Sicht, weder in der Therapie noch in der Beratung zu finden.

Letztlich ist aber all das nicht von Bedeutung, wenn das Entscheidende, die innere Bereitschaft, die Berufung nicht passiert wäre. Doch das kam nicht aus heiterem Himmel über mich. Es war vielmehr ein langsames und stetes Wachsen von etwas Unbestimmtem, Drängendem, das sich immer mehr zu etwas ganz Konkretem und Aussprechbarem verdichtet hat: mich in den Dienst Gottes zu stellen. Dieser Augenblick des Erkennens war fremd und doch vertraut.

Die 10 Jahre Tätigkeit als Stellenleiterin und Beraterin auf der Opferberatungsstelle hat mich gefordert und mich mit den tiefsten Abgründen des menschlichen Lebens konfrontiert. Die existenzielle Frage: „Warum ist mir dies passiert?", die sich die Menschen, die Opfer von Gewalttaten wurden, immer wieder stellen, haben mich in meinem Glaubensverständnis und meinem Gottesglauben herausgefordert. Aber auch die Aussagen: „Ohne Gott hätte ich dies nie überstanden", oder „Wo war Gott, als mir dies passiert ist?", haben mich in der Tiefe berührt und zum Nachdenken gebracht. Ich begann, mich intensiv mit der Gottesfrage und den Glaubensfragen auseinanderzusetzen. Und das beinhaltete neben aller persönlichen und der inneren Motivation eben auch, mich in der Wissenschaft Theologie weiterzubilden.

Gott hat einen wichtigen Platz in meinem Leben. Das Dabeisein Gottes ist mir Hilfe und Hoffnung über das hinaus, was wir Menschen als erreichbar ansehen. Der Bezug zu Gott war und ist für mich die Kraftquelle, um mit der Ohnmacht und Erfolglosigkeit, die im Umgang mit Menschen in Not unweigerlich vorkommen, umgehen zu können, damit ich nicht frühzeitig müde, bitter und illusionslos werde. Um bei der fordernden und emotional sehr belastenden Arbeit mit Opfern immer wieder zu mir zu finden, ausgeglichen zu bleiben und mich zu spüren, habe ich damals begonnen, einen Großteil meiner freien Zeit im Benediktinerinnenkloster im Melchtal zu verbringen.

Ich lebe, arbeite und esse in dieser Zeit mit den Schwestern zusammen. Ich nehme an allen Gebetszeiten teil und betätige mich als Pförtnerin, Lektorin in der Eucharistiefeier und als Vorleserin oder Tischdienerin während der Mahlzeiten. Ich habe diesen Ort des Rückzuges auch nach Beendigung meiner Opferhilfearbeit beibehalten, denn dies sind für mich reiche und heilende Tage und Stunden, die ich nicht missen möchte. Ich erfahre da etwas „heile Welt", wenn auch das Klosterleben nicht nur aus heiler Welt besteht. Das habe ich in vielen „Seelsorgegesprächen" mit den Schwestern erfahren.

Vielleicht bin ich auch erst heute und jetzt, nach all den reichen Erfahrungen in Familie und Beruf, der Mensch, der ich sein muss, um den Beruf der Seelsorgerin so ausüben zu können, wie es für mich richtig ist. Letztlich ist der Wunsch nach einer Arbeit im kirchlichen Dienst einfach eine logische Fortsetzung auf meinem Lebensweg und eine andere Dimension, den Weg mit Gott zu gehen, als es in der Beratungs- und Therapietätigkeit möglich ist.

Um diesem inneren Ruf nun endgültig zu folgen, war ich bereit, vieles auf mich zu nehmen. Ich habe meine gut bezahlte Stelle als Stellenleiterin bei der Opferhilfe aufgegeben, um als Studentin zu leben. Mein Haus habe ich meiner Tochter und dem Schwiegersohn zur Verfügung gestellt und bin in eine kleine Wohnung gezogen.

Die Probleme und Schwachstellen der Kirche heute sind mir bestens bekannt und ich weiß um deren Schwierigkeiten und unsichere Zukunft. Immer mehr Gläubige verlassen die Kirche, der Priestermangel ist akut und die Stellung der Laientheologen und Laientheologinnen im kirchlichen Dienst ist nicht zufriedenstellend. Trotzdem oder gerade deswegen lasse ich mich darauf ein. In diesem Spannungsfeld zu arbeiten, ist eine Herausforderung, der ich mich gerne stelle. Ich gebe die Hoffnung nicht auf, dass es irgendwann eine geschwisterliche Kirche gibt, in der die Frage Mann oder Frau, Priester oder Laientheologin nicht mehr relevant ist, sondern sich alle entsprechend ihrer Fähigkeiten und ihrem Charisma einbringen können.

Ich bin fest überzeugt, dass die kirchlich Mitarbeitenden das Positive betonen und ausstrahlen müssen und sich nicht am Negativen bzw. am Mangel festbeißen dürfen und somit eine resignierte Haltung ausstrahlen. Wenn die Begeisterung und die Lust an dieser Arbeit vermehrt spürbar werden, dann macht es wieder Freude, zu dieser Gemeinschaft dazuzugehören. Und die Aussage von Friedrich Nietzsche: „Bessere Lieder müssten sie mir singen, dass ich an ihren Erlöser glauben lerne; erlöster müssten mir seine Jünger aussehen!"[19], wird nicht mehr als Argument für eine resignierte, lustlose Kirche gelten.

Ich habe es nie bereut, diesen Weg gegangen zu sein. Ich bin glücklich und zufrieden als Pastoralassistentin und Seelsorgerin.

Wort durch den Tag

Gibt es in meinem Leben etwas, das mich trotz Brüche und Schwierigkeiten gehalten hat? – Etwas, was mich sanft und leise zu einem „Trotzdem und dennoch" bewegt hat – eine Kraft, eine Sehnsucht, eine Hoffnung?

Rita Wismann, CH

27. Tag · Freitag in der 4. Fastenwoche

Suchen im Labyrinth

Wort der Schrift
Zeige mir, Herr, deine Wege, lehre mich deine Pfade! Führe mich in deiner Treue und lehre mich; denn du bist der Gott meines Heiles. Auf dich hoffe ich allezeit. (Ps 25,4-5)

Wort zum Tag
Morgendliches Dämmerlicht scheint durch die dunklen, bunten gotischen Fenster in die große Kathedrale. Es ist still, eine wohltuende Stille in der Weite des Raumes. Eine Jacke schützt mich vor der Kälte, die diese Mauern und hohen Säulen abstrahlen. Durch einen Nebeneingang durften wir die Kathedrale in Chartres vor der eigentlichen Öffnungzeit betreten. Nun stehen wir 30 Personen rund um das große Fußbodenlabyrinth und atmen den Geist von über acht Jahrhunderten. Den Steinen sieht man ihr Alter an. Abgewetzt und blankgelaufen lädt der Weg aus hellen großen Steinen ein, ihn zu beschreiten: 261 Meter, die mit 28 Wendungen zur Mitte führen, 10 nach innen, 18 nach außen gewendet.

Wir machen uns auf den Weg. Jeder geht für sich. Wir haben uns für einen alten Tanzschritt (Echternacher Pilgerschritt) entschieden: zwei Schritte vor, einer zurück. Nur langsam kommt man dabei weiter. Man kann auch sagen, wir gehen einen Schritt vorwärts und tanzen einen Wiegeschritt vorwärts, rückwärts. Wir schwingen im Rhythmus der Zeit. Die Zeit geht weiter, auch wenn wir einen vermeintlichen Rückschritt erleben. Diese Rückwärtsbewegung gehört zum

Leben. Sie hilft, nicht ins Hetzen zu verfallen. Pausen halten, anhalten, ruhen, um sich neu zu orientieren, seine Mitte nicht zu verlieren, ist lebensnotwendig. Diesen Gedanken will ich mit nach Hause nehmen: mir Zeit nehmen, im Alltag innezuhalten!

Mal führt beim Tanzen der rechte, mal der linke Fuß. Mal schaue ich mehr nach rechts, mal nach links, habe Weitsicht. Was ich sehe, möchte ich auch erreichen. Doch der Weg hält mich fest. Ich muss ihm folgen. Ja, er zieht mich mit der Zeit so in den Bann, dass ich die Länge gar nicht mehr beachte. Ich merke den sich immer wandelnden Blick in den Raum, besonders nach jeder Wende. Auch in die rückwärtige Richtung tanzend, gehe ich doch nicht zurück.

Ich bin in einem anderen Kreisbogen oder gar Kreisviertel angekommen. Mal schaue ich mehr zur Mitte, ahne oder sehe die Mitte, werde jedoch schon bald wieder abgelenkt. Mal schaue ich in die Weite, doch ich muss es bei einem Blick belassen. Nach einiger Zeit kehrt Ruhe in mir ein. „Wie im Leben", so geht es mir durch den Sinn. Ich lebe dahin, die Zeit verstreicht, ich sehe vieles, doch erreichen kann ich nur, was in meinen Möglichkeiten steht. Ich habe meine Arbeit verloren. Eine Arbeit, die ich gerne und mit ganzem Herzen getan habe. Nun bin ich auf der Suche nach einer neuen beruflichen Orientierung. Vor gut einem Jahr erfuhr ich, dass mir gekündigt werden sollte. Bis es so weit war, vergingen noch viele Monate, in denen ich mich handlungs- und entscheidungsunfähig fühlte. Nun erlebe ich mich mit meinem beruflichen Können und Wollen, das aber nicht gefragt ist. Die Situation ist von mir nicht zu ändern. Alles Wunschdenken hilft nicht. Der suchende Blick trifft gelegentlich auf die Mitte. Mal glaube ich, einen Sinn zu erahnen, dann ist der Alltag wieder da und die Orientierungslosigkeit. Es gibt kein Zurück in die alte Arbeitsstelle. Das Leben geht weiter, und ich muss es akzeptieren, wie es ist. Ich muss meinen Weg weitergehen, auch wenn ich nicht weiß, was hinter der nächsten Kurve auf mich wartet. Aber ich darf vertrauen, dass es weitergeht, dass es einen Gott gibt, der meinen Weg kennt und das Ziel und mich führt.

Die wenigen Menschen, die mir auf den gegenläufigen Wegen im Labyrinth entgegenkommen, nehme ich mal mehr, mal weniger wahr. Auch in meinem Leben begegnen mir Menschen, die mich mehr oder weniger interessieren. Mit einigen teile ich Zeit, mit einigen auch mein Leben, das, was mich bewegt. Doch jeder geht seinen eigenen Weg bis zum Ende. Begegnen und loslassen gehören zusammen. Ich denke an meine Familiensituation. Kinder und Enkelkinder brauchen mich, mein Mann braucht mich. Ist das Dasein für sie meine Berufung? Sicherlich auch, aber nicht ausschließlich; auch sie muss ich loslassen können, und sie mich. Ich muss meinen persönlichen Weg finden und gehen. Stehenbleiben ist nicht gestattet. Meine Gedanken sammeln sich und werden klar und klarer.

Mich stört das Herausgerissenwerden aus dem Wegefluss an jeder Kehre. Plötzlich kommt ein „Stoppschild": Kehre um! Und vor mir ein Weg, von dem ich weiß, dass auch er wieder eine Wende bringen wird. Warum hat es diesen Bruch in meinem beruflichen Leben gegeben? Wenn ich recht überlege, habe ich in der letzten Zeit viel Gutes tun können, was ich als berufstätige Frau nicht hätte tun können. Ich hatte Zeit für meinen vor drei Monaten verstorbenen Vater. Ich habe Zeit gehabt für meine Enkelkinder und konnte meine Tochter entlasten. Vielleicht ist dieser Umbruch auch positiv zu sehen. Ja, ich will sehen, was vor mir liegt, und nicht im Alten verharren!

Der Tanz dauert lange. Wo ist mein Ziel? Wie weit ist es noch bis zur Mitte? „Lerne Geduld!", scheint mir der Weg zu sagen. „Du weißt doch, dass du ankommen wirst!" Wieder eine Lektion: nicht mutlos werden! Mir wird mehr und mehr klar, dass ich umdenken muss. Nein, ich habe nicht alles in der Hand. Ich bin nur für das verantwortlich, was Gott mir an Verantwortung gibt, was in meinem Handlungs- und Entscheidungsbereich liegt. Ich muss auch nicht alles verstehen, aber ich darf sicher sein, dass mein Weg der sicherste und beste für mich ist. Ich darf vertrauen, dass das Durchschreiten, das Durchleben des Verlustes, der Enttäuschungen, der Verletzungen ein notwendiges Stück meines Weges ist, dass dieser Weg aber auch weiterführt zur Mitte.

Endlich in der Mitte angekommen, bin ich am Ende des Labyrinths, aber nicht am Ende meines Weges. Jetzt wende ich mich dem Altarraum zu. Es ist ein herrliches Gefühl, im Zentrum zu stehen, aufrecht zu stehen, auch innerlich zentriert und gesammelt zu sein. So mache ich mich auf den Weg zum Altar. Die großen Säulen, die bisher den Blick in die Seitenschiffe, auf die Fenster und die Querung verdeckten, weichen dabei auseinander wie ein sich öffnender Vorhang. Ich staune. Wo liegt der Sinn der Suche nach dem eigenen ICH? Worte Meister Eckharts kommen mir in den Sinn: „Mensch, suche dich, und wenn du dich gefunden hast, lass ab von dir." Ich darf mich selbst überschreiten auf meinen Gott hin.[20]

Wort durch den Tag
Wo wurden meine Wege von meinem selbst gesteckten Ziel abgelenkt? Habe ich das im Nachhinein als sinnvoll entdecken können? Kann ich Gott für die Kehren in meinem Leben danken, weil sie mich zur Mitte, d. h. zu mir und zu IHM, führen?

Hannelie Jestädt

Labyrinth von Chartre

28. Tag · Samstag in der 4. Fastenwoche

Manchmal überrascht uns Gott

Wort der Schrift

Jesus antwortete ihm: Wenn jemand mich liebt, wird er an meinem Wort festhalten; mein Vater wird ihn lieben und wir werden zu ihm kommen und bei ihm wohnen. (Joh 14,23)

Wort zum Tag

Manchmal überrascht uns Gott. Das meint Bischof Helder Camara in seinem Gedicht:
„Sage Ja zu den Überraschungen,
die deine Pläne durchkreuzen,
deinem Tag eine ganz andere Richtung geben,
ja vielleicht deinem Leben.
Sie sind nicht Zufall.
Lass den himmlischen Vater die Freiheit,
selbst den Verlauf deiner Tage zu bestimmen."[21]

Das wollte ich: Gott die Freiheit lassen. Dann kann er mich überraschen. Und er wiederholt sich, wenn man es nicht kapiert. Auf Fortbildungswochen im Kloster Helfta, dem Zentrum der deutschen Frauenmystik, wo die Mystikerinnen Gertrud von Helfta, Mechthild von Magdeburg und Mechthild von Hackeborn im Mittelalter lebten, hörte ich wieder den Satz: „Wenn ihr mich finden wollt, dann sucht mich im Herzen." So schrieb Gertrud von Helfta. Der, der zitiert wird, ist Jesus Christus. Und ich bin Stefan, Junior in der Gemeinschaft der deutschen Kapuziner. Einige Jahre vorher war ich Bankkaufmann und habe am Heiligen Abend Ähnliches gehört. Ein Priester meiner Heimatstadt sagte: „Gott wohnt bei dir und mir." Bezogen auf den Ort, wo genau Gott wohnt, ging er nicht ins Detail. Allerdings sprach er mir ins Herz mit dieser unglaublichen Botschaft, Gott könne bei mir wohnen.

Ich wollte nicht mehr lassen von dieser Botschaft und kam auf Einladung dieses Priesters zum Weltjugendtag nach Köln. In einer Katechese vernahm ich die ernste Frage: „Was sollen die tragenden Grundsäulen deines Lebens sein?" Ich empfand diese Frage für die jungen Menschen sehr wichtig. Aber ich hatte mit meinen 33 Jahren einen guten Beruf. Ich war zufrieden mit mir selbst und mit der Welt. Doch die Frage verstummte nicht. Sie begann zu bohren. Ich überlegte: „Schon gebaut, die tragenden Säulen, zumindest begonnen?" Ist es nicht an der Zeit, genauer hinzuschauen und dann sich zu entscheiden und weiterzugehen? Weiterzugehen als Kapuziner, wie mir ein Flyer dieser Ordensgemeinschaft versprach: Einfach – engagiert fürs Evangelium.

Heute begegne ich vielen Menschen: an der Klosterpforte, unter den Wohnungslosen, im Hospiz, in der geistlichen Begleitung; und ich freue mich über jede Begegnung, wenn Menschen sich annehmen „von Herz zu Herz" – eben dort, wo Jesus Christus wohnen will.

Wort durch den Tag
Und immer wieder überrascht er mich mit diesem Wort: „Dass er in mir wohnen will". Auch im Kloster Helfta begegnete ich mehrmals diesem Wort: „Fürchte dich nicht, sondern sei getröstet, stark und sicher. Denn ich selbst, der Herr und Gott, dein lieber Freund, hat dich aus unverdienter Liebe erschaffen und erwählt, um in dir zu wohnen und sich an dir zu erfreuen" (Gertrud von Helfta). – Ja, zur rechten Zeit klopft er an unsere Tür. Wir müssen ihn nur einlassen.

Bruder Stefan Reisch

Damals und
heute

29. Tag · Montag in der 5. Fastenwoche

Jetzt wächst Neues

Wort der Schrift

Ich hoffe auf den Herrn, es hofft meine Seele, ich warte voll Vertrauen auf sein Wort. Meine Seele wartet auf den Herrn mehr als die Wächter auf den Morgen. Mehr als die Wächter auf den Morgen soll Israel harren auf den Herrn. Denn beim Herrn ist die Huld, bei ihm ist Erlösung in Fülle. (Ps 130,5-7)

Wort zum Tag

„Die Entwurzelung ist bei Weitem die gefährlichste Krankheit der menschlichen Gesellschaft und die Verwurzelung ist vielleicht das wichtigste und meistverkannte Bedürfnis der menschlichen Seele", schreibt Simone Weil. Es gibt so etwas wie eine psychische Obdachlosigkeit. Und es wächst die Sehnsucht nach einem „Dach für die Seele".

Religion hat es mit den Wurzeln des Menschen zu tun. Religion ist die Rückbindung an das Wahre und Gute, letztlich an Gott. Wo alle Werte auf den Prüfstand geraten sind und die Orientierungslosigkeit groß ist, steigt das Interesse an bewährten Traditionen. Man fragt nach den Fundamenten, die nicht der Mode und dem Trend unterworfen sind.

Viele Menschen sind auf der Suche. Sie suchen nach spirituellen Quellen, die ihrem Leben Halt geben. Doch obwohl wir Glaubenskrisen und Sinnlosigkeit in der postmodernen Gesellschaft erfahren, dürfen wir auch sehr viele hoffnungsvolle Zeichen in der Entfaltung des geistlichen Lebens wahrnehmen. Religionen und Kulturen treten in eine sich gegenseitig befruchtende Begegnung. Und in diesem Prozess brechen an der Basis neue Formen des spirituellen Lebens auf.

Über die gewohnten Grenzen der eigenen Religion hinaus suchen viele Menschen Zugänge zu Gotteserfahrung und Anschluss an geistliche Gemeinschaften. Ein Mann sagte mir: „Meine Arbeitskollege ist Moslem. Ich bewundere ihn, wie er seinen Glauben lebt. Was muss ich tun, um als Christ zu spüren, dass mein Glauben mein Leben inspiriert?"
„Es gibt ein weltweites Interesse an der Wiederbelebung der mystischen Dimension der Spiritualität. Dies ist die Gnade der Zeit. Das Christentum, das Jahrhunderte hindurch das Mystische zum großen Teil verdrängt hat, ist heute herausgefordert, sich auf die eigenen mystischen Quellen zu besinnen. Das ist der neue Auftrag. Wenn die Christen dazu nicht bereit sind, werden die Menschen bei anderen Quellen die geistige Nahrung suchen, die sie brauchen, oft an den Kirchen vorbei."[22]

Wort durch den Tag
Zwar gibt es den Wunsch nach einem „erdbebensicheren" Glauben. Unsere Erfahrungen aber zeigen deutlich: Wir sind als Suchende auf Wanderschaft. Nicht die „feste Burg", sondern ein Nomadenzelt ist auf Erden unsere Wohnung. Manchmal bin ich wie ein Obdachloser und spüre meine Armut.

Wo ich wohne
Es soll Architekten geben,
die erdbebensichere Häuser bauen.
Ich konnte mir keinen leisten.
Ich wohne in einem Nomadenzelt.
Wenn es dir nicht zu unsicher ist und zu gering,
bist du eingeladen zum Übernachten.
Die Wüste macht gastfreundlich,
im Polareis wie im Sand.

Christine Busta[23]

30. Tag · Dienstag in der 5. Fastenwoche

Gottgefällige Lebensform?

Wort der Schrift

Da sagte jemand zu ihm: Deine Mutter und deine Brüder
stehen draußen und wollen mit dir sprechen. Dem, der ihm
das gesagt hatte, erwiderte er: Wer ist meine Mutter, und wer
sind meine Brüder? Und er streckte die Hand über seine
Jünger aus und sagte: Das hier sind meine Mutter und meine
Brüder. Denn wer den Willen meines himmlischen Vaters
erfüllt, der ist für mich Bruder und Schwester und Mutter.
(Mt 12,47-50)

Wort zum Tag

Christen glauben daran, dass jeder Mensch eine eigene
Berufung hat. Diese zu erkennen und danach zu leben, kann
schwierig sein. Erst recht für einen Ehemann und Vater von
zehn Kindern, den Gott nach vielen Ehejahren in einem
unaufhaltsamen Prozess in die Einsamkeit ruft. Wird er dem
Ruf folgen? Und wenn ja, was soll aus seiner Frau und den
Kindern werden? Das Schicksal des Schweizer National-
heiligen Niklaus von Flüe (1417–1487) und seiner Ehefrau
Dorothea ist alles andere als leicht.

Niklaus wuchs in einer Bauernfamilie im Schweizer Kanton
Obwalden auf. Mit 29 Jahren heiratete er die etwa vierzehn-
jährige Dorothea Wyss, mit der er dann fünf Töchter und
fünf Söhne hatte. Er war Bauer, Vater, Ehemann und betätig-
te sich darüber hinaus als Ratsherr und Richter. Im Laufe der
Zeit nahm seine Suche nach Gott immer mehr Raum ein.
Mit etwa fünfzig Jahren geriet Niklaus in eine Krise, worauf-

hin er alle Ämter niederlegte. Zwei Jahre lang suchten seine
Frau Dorothea und er nach einem neuen Weg. Was für innere Kämpfe muss es in diesen Jahren gegeben haben! Niklaus
zog sich mehr und mehr zum Gebet zurück und fastete
immer öfter. Wie hilflos musste sich seine Frau oft gefühlt
haben, ebenso die Kinder! Dorothea war erst Mitte dreißig.
Wer will in dem Alter schon gerne eine „Strohwitwe" werden?
Für uns Menschen des 21. Jahrhunderts ist es in der Regel
leichter zu verstehen, wenn sich Ehepartner voneinander entfernen, weil ein neuer Lebensgefährte dazwischenkommt. In
diesem Fall haben wir es jedoch eindeutig mit dem Ruf
Gottes zu tun. In ihrem Hörspiel „Ganz nah und weit weg"
lässt uns Klara Obermüller tief in Dorotheas Seele schauen:
„Es war das Schwerste, was ich je erlebte. Den geben, den ich
am meisten liebte. Ihn gehen lassen, weil er gehen musste.
Auf ihn verzichten, ihm zuliebe."[24]

Schließlich beschloss Niklaus, sämtlichen Hindernissen zum
Trotz, alle Brücken hinter sich abzubrechen und sein Leben
als Wallfahrer im Ausland fortzuführen. Nachdem er das
Einverständnis seiner Frau und Kinder eingeholt hatte, brach
er auf. Er war noch nicht weit gekommen, als ihn plötzlich
Erscheinungen von einer Weiterreise abhielten. So kehrte er
wieder um. Schließlich baute er sich nur etwa zehn Minuten
vom Wohnhaus der Familie entfernt eine Hütte im Ranft,
d. h. in der Schlucht. Später errichteten Freunde ihm eine
Zelle und Kapelle, damit er als Eremit leben konnte.

Zwanzig Jahre verbrachte Niklaus im Ranft in Flüeli. Nach
einem mystischen Erlebnis benötigte er keine Nahrung mehr,
sondern lebte nur von der Eucharistie. Wie mochte es Dorothea währenddessen ergangen sein? Wäre es nicht allzu
menschlich, wenn sie im Stillen immer noch auf die Rück-

kehr ihres Mannes ins Wohnhaus hoffte? Doch diese Hoffnung erfüllte sich nicht. Niklaus blieb im Ranft. Bedeutender für die meisten Mitmenschen als das viel diskutierte Fastenwunder war seine Gabe, Ratsuchenden geistlich beizustehen. Man nannte ihn von da an „Bruder Klaus". Scharen pilgerten zu ihm. Selbst der Pfarrer suchte ihn während eines schweren Konflikts zwischen Stadt- und Landorten auf. Die Eidgenossen waren zerstritten. Bruder Klaus erteilte dem Pfarrer einen bis heute unbekannten Rat. Der Pfarrer überbrachte die Botschaft im Ratssaal. Dadurch wurde im letzten Moment ein Bürgerkrieg verhindert. Der Vertrag von 1481 bildete für lange Zeit die Grundlage der Zusammenarbeit der eidgenössischen Orte. Bruder Klaus gilt als Landesvater und Friedensstifter. 1947 wurde er heiliggesprochen.

Ohne Dorotheas Unterstützung wäre das alles nicht möglich gewesen. Sogar Papst Johannes Paul II. sprach 1984 in Flüeli sehr anerkennend von ihr. Am Grab von Bruder Klaus in Sachseln nannte der Papst Dorothea in einem Gebet „heiligmäßig": „Du hast Dorothea berufen, an Stelle ihres Gatten die Verantwortung für Familie, Haus und Hof zu übernehmen, damit der Weg des Heiligen frei werde für das Leben im Ranft, frei für das Gebet, frei für deinen Auftrag, Frieden zu stiften ... Lass uns mit Bruder Klaus und seiner heiligmäßigen Frau Dorothea immer mehr einsehen, dass echte Versöhnung und dauerhafter Friede allein von dir kommen."[25] Viele Menschen sind der Meinung, sie solle ebenfalls heiliggesprochen werden.

Eine Auflösung der Ehe von Niklaus und Dorothea hat nie stattgefunden. Da die Familie wohlhabend war, brauchte niemand Not zu leiden. Die Familienmitglieder durften ihren Vater und Ehemann sogar im Ranft besuchen. Dorothea spürte, dass ihr Mann sein altes Leben nicht mehr fortsetzen konnte, ohne zu zerbrechen. Erst im Ranft, wo er ganz Gott gehören konnte, fand er den inneren Frieden. Das mochte ihr ein großer Trost gewesen sein.

Niklaus von Flüe starb im Kreise seiner Familie. Dorothea hatte ihm bis in den Tod die Treue gehalten. Nur ein sehr starker Glaube vermag solche ungewöhnlichen Kräfte zu wecken.

Wort durch den Tag

Das folgende Gebet sprach Bruder Klaus mit besonderer Vorliebe:

„Mein Herr und mein Gott,
nimm alles von mir, was mich hindert zu dir.
Mein Herr und mein Gott,
gib alles mir, was mich fördert zu dir.
Mein Herr und mein Gott,
nimm mich mir und gib mich ganz zu eigen dir."

Ich spreche dieses Gebet ein- oder zweimal nach. Was empfinde ich dabei? Fordert es mich heraus? Überfordert es mich? Oder wie stehe ich sonst dazu?

Susanne Jeutner

31. Tag · Mittwoch in der 5. Fastenwoche

Stadteremitin[26]

Wort der Schrift

Doch was mir damals ein Gewinn war, das habe ich um Christi willen als Verlust erkannt, … weil die Erkenntnis Christi Jesu, meines Herrn, alles übertrifft. Seinetwegen habe ich alles aufgegeben …, um Christus zu gewinnen und in ihm zu sein. (Phil 3,7-9)

Wort zum Tag

Ob ich Gott suche oder in meinem Leben gesucht habe, weiß ich nicht. Schließlich ist ER immer schon da und sein Name ist: ICH BIN DER ICH BIN DA. Und da ich IHM immer geglaubt habe, bestand eigentlich kein Anlass zum Suchen. Ein Überleben des Krieges wäre ohne IHN nicht möglich gewesen, das hatte meine Mutter mir klargemacht.

Ich hatte alles erreicht, was ich wollte: einen Beruf, der meine Berufung war, mit den zugehörigen akademischen Titeln des gesellschaftlichen Ansehens, meine finanzielle Sicherheit, eine schöne Wohnung und einen Freundeskreis, auf den ich mich verlassen konnte. Was ich nicht hatte: einen Mann und Kinder, ein Haus, ein Auto, Aktienpakete und Depots, einen Ruf an eine amerikanische Universität, ja noch nicht einmal respektable Urlaubsreisen, von denen ich hätte erzählen können. Nein, es war nicht das, worum ich hätte beten können.

Irgendwann wurde mir bewusst, dass ich mich nicht eingereiht hatte in die Wettbewerbslisten der Stipendien und Förderungsprogramme, für die die Anzahl der Publikationen maßgebend war, die für die wissenschaftliche Reputation und auch für die Bewerbungen an andere Universitäten bzw. um die nächsthöhere Besoldungsstufe den Ausschlag gab. Vielmehr war da etwas, das als das ganz andere seine Berechtigung behauptete, oder auch DER GANZ ANDERE, der mich nie aus den Augen gelassen hatte, das wusste ich.

Ein Gefühl von Einsamkeit beschlich mich damals, das nicht Angst machte, sondern Wachheit und Wahrhaftigkeit bedeutete. Ich war ganz ich selbst. „Berufung zur Einsamkeit?", dachte ich. Soli Deo?[27] Ist es das? Was willst DU, das ich tun soll?

Ein Wissen oder auch nur eine Ahnung von dem, was jetzt noch nicht war, aber werden sollte, griff immer mehr Raum. Ich kannte dieses Gefühl des Wartens. Es war nicht verbunden mit dem Drang, etwas zu tun oder zu suchen – vielmehr waren mir Stille und Schweigen notwendig für eine Schärfung der sinnlichen Wahrnehmung, um hören und sehen zu können, um nur ja auch die kleinste Regung wahrzunehmen, auch das Unscheinbarste in seiner Zeichenhaftigkeit zu erkennen.

Ein Satz Jesu, der bei Johannes öfter genannt wird[28], gewann eine ganz neue Bedeutung für mich: *Meine Stunde ist noch nicht gekommen* (Joh 2,4). Er sagt diesen Satz zu Maria auf der Hochzeit zu Kana in einer eigentlich belanglosen Situation *(sie haben keinen Wein mehr)*. Nur widerstrebend tut er, was von ihm verlangt wird. – Jesus wartet. Er ist ein Wartender aus einem tiefen Wissen um die rechte Zeit heraus.

Gott hat mir ein Leben lang Zeit gelassen. Er hat keine dramatische Entscheidung des Augenblicks von mir verlangt, wie Jesus dies von seinen Jüngern fordert. Vielmehr war alles in meinem Leben auf IHN gerichtet, war immer schon Nachfolge, bis zu der frühmorgendlichen Stunde, als ich mit Zittern und Zagen zum ersten Mal durch die Fürsprache meines geistlichen Begleiters an der Eucharistiefeier der Kapuzinerbrüder und dem Stundengebet im Chor der Klosterkirche teilnehmen durfte. Dreißig Jahre hatte ich darauf gewartet, seitdem ich die kleine schmucklose Kirche des Klosters, die stillste aller Kirchen, betreten hatte und durch den gläsernen Lettner die Eucharistiefeier der Brüder beobachten konnte. Eine Tür hatte sich aufgetan und ich bin hineingegangen. Jeden Morgen öffnet sie sich mir von Neuem.

Der verlässliche Rhythmus des Stundengebets gab nicht nur meinem Leben einen neuen Duktus, sondern auch meinem Denken. Die heiligen Texte, die fortan den Tag prägten, gewannen eine Präsenz, die sich nicht auf das gemeinsame Lesen und Sprechen im Stundengebet beschränkte, sondern mein Handeln begleitete, was immer ich tat. Mein Leben änderte sich von Grund auf, behutsam und fast unmerklich. Meine theologischen Studien, bei denen zunächst die katholische Dogmatik und die Philosophie im Vordergrund standen, wie in meinen einstigen begleitenden Studienfächern, umfassten auch die alten Ordensregeln, die mir zwar längst bekannt waren, nun aber eine Vertrautheit gewannen, als hätte ich schon immer nach ihnen gelebt. Es entstand der Entwurf einer biografischen Theologie[29], in der sich mein Leben als eine Geschichte mit Gott oder eine Geschichte Gottes mit mir darstellt. Ich begann sie aufzuschreiben, diese Geschichte meines Lebens, als biografische Theologin, mit dem Auftrag, Zeugnis zu geben. Wahre Theologie gibt es nur als biografische Theologie, wenn sie mehr sein soll als Vermittlung von Wissen und methodischem Instrumentarium, wenn Verkündigung glaubwürdig sein will. Die Evangelien sind die ersten Zeugnisse einer solchen biografischen Theologie.[30]

In diesem Kontext ergab sich die Notwendigkeit, mein Leben in das Ordnungsgefüge einer „Regel" einzupassen, und es war auch eine gewisse Neugier dabei, wie das denn wohl gehen könnte.

Ich brauchte also eine Regel für mein Leben. Die Regula Benedicti[31] ist wie alle Ordensregeln eine solche der Gemeinschaft. Nur die Regel des Franziskus von Assisi enthält auch einige Artikel für Eremiten.[32] Ich begriff, dass ich *meine* Regel schreiben musste, eine Regel aus der Berufung zur Einsamkeit heraus, die mein Leben in der Stadt, in einem Beruf, im Umgang mit Menschen, vor allem auch mit denen am Rande der Gesellschaft, gleichzeitig in seinem spirituellen Anspruch und seiner geistlichen Form erkennbar machte. Die Begegnung mit den Obdachlosen der Stadt war für mich so ein neuer Erfahrungsbereich. Ich nannte diese Regel „Regula urbis eremitae" – Regel eines Stadteremiten – und hatte damit meiner Lebensform und meiner gesellschaftlichen Identifikation zugleich einen Namen gegeben: „Stadteremitin". Ich bin also jemand, der mitten in der Stadt eine monastische Lebensform zu leben versucht in meiner Unmittelbarkeit zu Gott. Ich lebe mein Leben mit den Menschen unter den Augen der Brüdergemeinschaft und meines geistlichen Begleiters. Ich verstehe mein Leben nach der „Regula urbis eremitae" als eine zeitgemäße alternative Lebensform, die dem monastischen Modell ebenso wie dem „Single-Modell" eine neue Perspektive geben kann.[33] Unmerklich war das Gefühl des Wartens in mir erloschen.

Die sprachliche Form der Regula urbis eremitae kann denn auch nur eine solche der Selbstverpflichtung sein, die als Willensbekundung in der Einleitungsformel „Ich will …" zum Ausdruck kommt. Sie kann mit oder ohne den Zusatz „vor Gott" gesprochen werden, sodass sie (vielleicht) auch als nichtreligiös begründetes Modell brauchbar ist (gegen die Beliebigkeit). Als tägliches Gebet enthält sie alles, was zu einem spirituellen Leben notwendig ist. Ihre Kurzform, die durchaus eine individuelle Variationsbreite haben kann, sei hier beispielhaft angeführt:

Ich will … in Einsamkeit und Schweigen leben im immerwährenden Gebet.

Ich will … im Gehorsam der Zehn Gebote leben.

Ich will … in Armut und Bedürfnislosigkeit leben und den Armen ihren Anteil geben.

Ich will … in Keuschheit und Ehe-/Partnerlosigkeit leben in und mit Christus allein.

Ich will … in Demut und Nächstenliebe meinen Mitmenschen dienen und ihnen Gutes tun.

Ich will … in Gebet und Meditation heilige Worte hören und bewahren und danach tun.

Ich will … die Gemeinschaft der Heiligen suchen und das heilige Mahl mit ihnen feiern.

Ich will … einem berufenen Diener meine Schuld bekennen und Versöhnung erfahren.

Ich will … die Schöpfung lieben und achten und alles Lebendige vor Schaden bewahren.

Ich will … die universale Eucharistie feiern mit allen Geschöpfen und aus der Kraft des Universums leben, mit der ER die Sterne hält auf ihrer Bahn, Monde und Sonnen, den Erdkreis und mich.

Wort durch den Tag

Unser Alltag ist durch eine Fülle von (An-)Gewohnheiten, Ritualen und Regeln geprägt, die wir mehr oder weniger notgedrungen befolgen, um unser Leben für uns und vor den Menschen in Ordnung zu halten. Gibt es für Sie auch solche „inneren" Regeln des Geistes und der spirituellen Ordnung, seien sie religiös oder humanistisch geprägt?

Versuchen Sie, einige solcher Regeln zu formulieren und aufzuschreiben.

Edeltraud Bülow

32. Tag · Donnerstag in der 5. Fastenwoche

Veni creator Spiritus

Wort der Schrift

Als der Pfingsttag gekommen war, befanden sich alle am gleichen Ort. Da kam plötzlich vom Himmel her ein Brausen, wie wenn ein heftiger Sturm daherfährt, und erfüllte das ganze Haus, in dem sie waren. Und es erschienen ihnen Zungen wie von Feuer, die sich verteilten; auf jeden von ihnen ließ sich eine nieder. Alle wurden mit dem Heiligen Geist erfüllt und begannen, in fremden Sprachen zu reden, wie es der Geist ihnen eingab. (Apg 2,1-4)

Wort zum Tag

Zu den wichtigsten Dingen meines Lebens gehört das Wort „unterscheiden". Unsere Gesellschaft ist wie ein Supermarkt. Nicht nur Waren werden angeboten, sondern eine Vielfalt von Auffassungen, Überzeugungen und Weltanschauungen. Es ist schwierig, das Gute vom Bösen und das Wahre vom Falschen zu unterscheiden. Wer die Wahl hat, hat die Qual. Wie finden wir heute durch den Dschungel von Informationen und Überzeugungen?

Um die Weisheit der Unterscheidung geht es letztlich. Zum Merkmal des Heiligen Geistes gehört Einheit und Eintracht, Friede und Versöhnung. Der Ungeist, der Teufel, wird in der Bibel der Diabolos genannt. Das griechische Wort „diabalein" heißt wörtlich übersetzt: durcheinanderwerfen. Der große Verwirrer ist heute auch am Werk. Er stürzt gesellschaftliche Ordnungen wie auch die Herzen der Menschen in Verwirrung. Es ist also wieder Zeit, sich vom Geist leiten zu lassen.

113

Viel ist heute von Brennpunkten die Rede: Orte, an denen sich etwas bündelt und konzentriert. Man spricht von sozialen Brennpunkten, von wirtschaftlichen Brennpunkten, von Brennpunkten der Macht, von Brennpunkten der Armut.

Zu Pfingsten war Jerusalem ein Brennpunkt besonderer Art, ein Brennpunkt im wahrsten Sinn des Wortes. Im Pfingstbericht der Apostelgeschichte wird von Feuerzungen berichtet, die auf die Jünger herabkamen. Der Heilige Geist erfüllte die Jünger Jesu mit Feuer. Von da an brannten sie. Ihr Herz brannte. Sie hatten Feuer gefangen. Die Angst war verschwunden. Sie kamen aus ihrem Versteck. Sie stellten sich mitten auf den Marktplatz. Eine besondere Leidenschaft hatte sich in ihnen entzündet: die Leidenschaft, Zeugnis zu geben.

Feuerzungen kamen auf jeden herab (Apg 2,3), ein Feuer, das die Schlacken verbrennt, die unser Leben verseuchen und unsere Lebensenergien blockieren. Gold wird durch das Feuer geläutert. Feuer reinigt und legt den Kern frei. Nur Brennende können leuchten.

Feuer ist immer ein Bild der Liebe, die uns durchglüht. Lieben heißt: Feuer und Flamme sein für eine Sache, für einen Menschen, für Gott. Und wer Gott nahekommt, wird entzündet von Leidenschaft und Liebe. Der schüttelt seine Angst ab und wird zum Zeugen für Gott. Die Emmausjünger haben das erfahren. Sie konnten nach der Begegnung mit dem Auferstandenen nur bekennen: „Brannte uns nicht das Herz in der Brust?" (Lk 24,32). Allein wichtig ist, ob unsere Herzen brennen. Jesus löscht die Feuer nicht. Jesus lässt uns nicht als Waisen zurück. Der Tröster und Beistand, den er uns sendet, wird uns an alles erinnern und die Asche von der Glut entfernen.

Gott zeigt und offenbart sich im Feuer. So im brennenden Dornbusch. Aus dem Feuer, das brannte und nicht verbrannte, offenbart er seinen Namen für alle Generationen: „Ich bin der Ich-bin-da" (Ex 3,14). Jahwe ist ein Gott, der Anteil nimmt, der sich einlässt auf unsere Geschichte. Heilsgeschichte ist die Beziehungsgeschichte Gottes mit uns Menschen. Er sendet uns seinen Geist, um alle Tage bei uns zu sein. Ein Gott, der an unserer Not Anteil nimmt, ein Gott als Wegbegleiter durch alle Höhen und Tiefen des Lebens, der uns nicht im Stich lässt: Ist das nicht eine wichtige Zusage auch für unsere Zeit?

Wort durch den Tag
Ich vertraue fest darauf, dass Gott uns auch heute beisteht. Wir müssen uns nur seinem Geist öffnen:

Geh mir auf den Geist, Gott.
Tret mir auf die Füße!
Nerv mich noch und noch.
Stoß mein Ich vom Sockel,
auf den Boden der Tat!
Treib mich an.
Wiederhol deine Forderungen!
Schick deine Worte!
Schlange stehen in meinen Ohren.
Hämmer an die Tür meines Herzens!
Mach dich breit in meinem Leben!
Geh mir auf den Geist, Gott, auf deinen Geist!

(Autor unbekannt)

33. Tag · Freitag in der 5. Fastenwoche

Das Reich Gottes suchen

Wort der Schrift

Jesus sprach zu ihnen: Meine Speise ist es, den Willen dessen zu tun, der mich gesandt hat, und sein Werk zu Ende zu führen. (Joh 4,34)

Wort zum Tag

Jesus muss seinen ureigenen Weg suchen. Er sagt: „Meine Speise ist es, den Willen dessen zu tun, der mich gesandt hat." Das geht nur, wenn Jesus fragt und sucht und dem Willen Gottes gehorcht. Er ist nicht der autonome Mensch, der nur aus seinem eigenen Willen handelt. Er richtet sich aus nach dem Willen seines Vaters. Er ist sich sicher: „Der Vater und ich sind eins."

Jesus sagt: „Ich bin gekommen, um die Armen zu suchen." Er macht sich klein. Sein Ort, wo er erscheint, ist der Stall und die Krippe. Er stirbt zwischen den Verbrechern. Die Schriftgelehrten regen sich auf, weil er mit Sündern und Zöllnern isst. Sein Ort zwischen Himmel und Erde sind die Kleinen und Armen. Er lebt die „Option mit den Armen" in letzter Konsequenz. „Was ihr für einen meiner geringsten Brüder getan habt, das habt ihr mir getan" (Mt 25,40).

Jesus sucht das Reich Gottes zu verwirklichen. Ständig müht er sich, seinen Jüngern ein Verständnis für das Reich Gottes zu vermitteln. Frieden und Gerechtigkeit sind seine Kennzeichen und nicht Macht und Gewalt. Noch nach seinem Tod klagen die Emmausjünger: „Wir hatten gehofft, er werde das Reich Gottes errichten." Die Jünger meinten damit, er werde die Römer mit Gewalt aus dem Land vertreiben. Auch in der Gerichtsszene vor Pilatus erklärt Jesus, worum es ihm geht. Gott schickt kein Heer von Engeln, um ihn aus der Hand des Pilatus zu befreien. Er ist König des Friedens und der Gewaltlosigkeit.

Das „Kommen des Reiches Gottes" ist das erste und wichtigste Anliegen des historischen Jesus. Es hat schon begonnen, aber wird erst in der Zukunft vollendet. „Wenn ich die Dämonen durch den Geist Gottes austreibe, so ist das Reich Gottes schon zu euch gekommen" (Mt 12,28). Weil das Reich Gottes schon angebrochen ist, müssen wir uns entscheiden (bekehren) und Jünger Jesu werden.

Das Reich Gottes ist eine geheimnisvolle Wirklichkeit. In einem langen Lernprozess versucht Jesus seine Jünger zu lehren, dass dieses Reich nicht durch Gewalt kommt, sondern Liebe, Gerechtigkeit und Frieden bedeutet. Die Kleinen und Demütigen verstehen das besser als die Weisen und Klugen dieser Welt (Mt 11,25).

Wort durch den Tag
Frieden, Gewaltlosigkeit, Gerechtigkeit, Geschwisterlichkeit und Liebe sind die wichtigsten Worte des Reiches Gottes. Ich will heute darauf achten, dass sie auch für mich aktuelle Botschaften sind, die mich und mein Umfeld ein wenig verändern.

34. Tag · Samstag in der 5. Fastenwoche

Suchen und finden

Wort der Schrift
Darum sage ich euch: Bittet, dann wird euch gegeben; sucht, dann werdet ihr finden; klopft an, dann wird euch geöffnet. Denn wer bittet, der empfängt; wer sucht, der findet; und wer anklopft, dem wird geöffnet. (Lk 11,9-10)

Wort zum Tag
Warum betont Jesus: „Sucht, dann werdet ihr finden, klopft an, dann wird euch aufgetan. Bittet, dann wird euch gegeben?" Das Suchen und Bitten verlernen wir schnell. Die Reichen haben verlernt zu bitten. Die Besitzenden haben verlernt zu suchen und die Satten sind keine Bettler, die an Türen anklopfen, um Almosen zu bekommen.

Was verlangt Jesus da von uns, fragen wir uns. Wir brauchen doch nicht zu betteln. Wir erwerben unseren Lebensunterhalt in eigener Regie.

Die Sehnsucht aber zeigt uns?, dass nicht alles machbar ist. Oft habe ich von Menschen, die sich alles leisten konnten, gehört: Es muss doch noch etwas darüber hinaus geben. Denn der Mensch ist nie satt, seine Wünsche sind nie ganz erfüllt. Ein Raubtier kann man satt füttern. Dann ist es zufrieden. Beim Menschen ist das anders. Er hungert nach Größerem. Kaum ist ein Wunsch erfüllt, sind sein innerer Durst und Hunger noch lange nicht gestillt. „Unruhig ist das Herz", sagt Augustinus.

Die Zukunft fällt uns selten in den Schoß. Wir müssen
Fantasie und Mühe einbringen und manchmal alles auf eine
Karte setzen. Ob es um das Reich Gottes geht oder um unsere gesellschaftliche Zukunft, auch heute müssen wir wie
damals die „Fleischtöpfe Ägyptens" verlassen. Wir müssen
aufbrechen und dürfen die Wüste nicht scheuen. Dann
beginnt die Spurensuche in der Wüste, bis wir ins Gelobte
Land kommen.

Wort durch den Tag
Wir sind Gefährdungen ausgesetzt: der Gefahr, müde zu
werden, zu resignieren; der Gefahr, gleichgültig zu werden,
den Marktplatz mit seinen Ersatzbefriedigungen wichtiger zu
finden als das Suchen nach Gott. Die folgende Erzählung
erklärt es uns:

Rabbi Baruchs Enkel, der Knabe Jechiel, spielte einst mit
einem andern Knaben Verstecken. Er verbarg sich gut und
wartete, dass ihn sein Gefährte suche. Als er lange gewartet
hatte, kam er aus dem Versteck; aber der andere war nirgends
zu sehen. Nun merkte Jechiel, dass jener ihn von Anfang an
nicht gesucht hatte. Darüber musste er weinen, kam weinend
in die Stube seines Großvaters gelaufen und beklagte sich
über den bösen Spielgenossen. Da flossen Rabbi Baruch die
Augen über, und er sagte: „So spricht Gott auch: ‚Ich verber-
ge mich, aber keiner will mich suchen.'"[34]

So sehr hat Gott
die Welt geliebt

Gottsucher

Wort der Schrift

Als Jesus zur Zeit des Königs Herodes in Betlehem in Judäa geboren worden war, kamen Sterndeuter aus dem Osten nach Jerusalem und fragten: Wo ist der neugeborene König der Juden? Wir haben seinen Stern aufgehen sehen und sind gekommen, um ihm zu huldigen. Als König Herodes das hörte, erschrak er und mit ihm ganz Jerusalem. Er ließ alle Hohenpriester und Schriftgelehrten des Volkes zusammenkommen und erkundigte sich bei ihnen, wo der Messias geboren werden solle. Sie antworteten ihm: In Betlehem in Judäa; denn so steht es bei dem Propheten: Du, Betlehem im Gebiet von Juda, bist keineswegs die unbedeutendste unter den führenden Städten von Juda; denn aus dir wird ein Fürst hervorgehen, der Hirt meines Volkes Israel. Danach rief Herodes die Sterndeuter heimlich zu sich und ließ sich von ihnen genau sagen, wann der Stern erschienen war. Dann schickte er sie nach Betlehem und sagte: Geht und forscht sorgfältig nach, wo das Kind ist; und wenn ihr es gefunden habt, berichtet mir, damit auch ich hingehe und ihm huldige.

Nach diesen Worten des Königs machten sie sich auf den Weg. Und der Stern, den sie hatten aufgehen sehen, zog vor ihnen her bis zu dem Ort, wo das Kind war; dort blieb er stehen. Als sie den Stern sahen, wurden sie von sehr großer Freude erfüllt. Sie gingen in das Haus und sahen das Kind und Maria, seine Mutter; da fielen sie nieder und huldigten ihm. Dann holten sie ihre Schätze hervor und brachten ihm

Gold, Weihrauch und Myrrhe als Gaben dar. Weil ihnen aber im Traum geboten wurde, nicht zu Herodes zurückzukehren, zogen sie auf einem anderen Weg heim in ihr Land. (Mt 2,1-12)

Wort zum Tag

Der heilige Benedikt wurde gefragt, was einen Mönch kennzeichnet? Er antwortete: „Dass er ein Leben lang beharrlich Gott sucht." Dieses Wort ist mir sehr wichtig geworden. Und dieses Wort gilt nicht nur für Mönche, sondern für alle Gläubigen.

Die Geschichte der Weisen aus dem Morgenland oder der „Drei Könige", wie wir sagen, ist für mich eine beispielhafte Erzählung für solche Gottsucher. Ihre Füße liefen nach Bethlehem, ihr Herz aber pilgerte zu Gott.

Die Weisen aus dem Morgenland bekommen in der Sprache, die sie verstehen, ein Zeichen. Und wie reagieren die frommen Heiden auf das Zeichen des Himmels? Sie brechen sofort auf und machen sich auf den Weg. Ohne Landkarte und Routenbeschreibung folgen sie dem Stern. Orientierungslos tappen sie streckenweise im Dunkeln, denn zeitweise war der Stern nicht zu sehen und die drei Magier aus dem Osten mussten sich neu auf die Suche machen.

Schließlich ziehen die drei Weisen zum Palast des Herodes, denn der Stern hatte durch sein Erscheinen einen neuen König angekündigt. Und dieser konnte nur in einem Palast zur Welt kommen.

„Herodes ließ alle Hohenpriester und Schriftgelehrten des Volkes zusammenkommen und erkundigte sich bei ihnen, wo der Messias geboren werden solle. Sie antworteten ihm:

In Betlehem in Judäa; denn so steht es bei dem Propheten" (Mt 2,4f.). Die Schriftgelehrten sind die Ratgeber. Sie sind im Besitz der alten Verheißungen. Sie können Auskunft geben, tun aber keinen Schritt. Sie besitzen die richtigen Informationen, aber bewegen sich nicht. Sie sind wie Wegweiser, die den Weg selber nie gehen.

Von Neuem machen sich die Sterndeuter auf den Weg. Im Bericht des Evangeliums heißt es: „Und der Stern, den sie hatten aufgehen sehen, zog vor ihnen her bis zu dem Ort, wo das Kind war; dort blieb er stehen. Als sie den Stern sahen, wurden sie von sehr großer Freude erfüllt" (Mt 2,9-10).
Der Stern mutet den drei Weisen allerhand zu. Über einem Stall bleibt er stehen. Sie hatten die Geburt des neuen Weltherrschers in einem Palast gesucht – nun beugen sie vor einem Kind in der Krippe ihr Knie. Heidnische Sterndeuter finden die Erfüllung all ihrer Sehnsucht. Aber sie müssen ihren Weg immer neu korrigieren und ihre Vorstellungen ändern. So ergeht es auch den Gottsuchern.

Und auch dies ist wichtig: Zur rechten Zeit erscheint der Stern wieder! Gott lässt uns den Weg suchen, Schritt für Schritt. Er drückt uns am Anfang keine Straßenkarte mit eingezeichneter Route in die Hand. Aber zur rechten Zeit schickt er seine Wegweiser – manchmal durch gute Freunde oder unscheinbare Zufälligkeiten.

Wort durch den Tag
Wer sich führen lässt, kommt auch auf Umwegen und durch Nacht und Dunkelheit ans Ziel. Für mich ist wichtig, dass ich ein Leben lang „beharrlich Gott suche". Was sagt Ihnen das Wort: „Du wirst des Weges geführt, den du wählst"?

36. Tag · Dienstag in der Karwoche

Viele Wege führen zu Gott

Wort der Schrift

Das Lob des Schöpfers in der Natur: Nun will ich der Werke
Gottes gedenken; was ich gesehen habe, will ich erzählen:
Durch Gottes Wort entstanden seine Werke; seine Lehre ist
ein Ausfluss seiner Liebe. Über allem strahlt die leuchtende
Sonne, die Herrlichkeit des Herrn erfüllt alle seine Werke.
Die Heiligen Gottes vermögen nicht, alle seine Wunder zu
erzählen. Gott gibt seinen Heerscharen die Kraft, vor seiner
Herrlichkeit zu bestehen. Meerestiefe und Menschenherz
durchforscht er und er kennt alle ihre Geheimnisse. Der
Höchste hat Kenntnis von allem, bis in die fernste Zeit sieht
er das Kommende. Vergangenheit und Zukunft macht er
kund und enthüllt die Rätsel des Verborgenen. Es fehlt ihm
keine Einsicht, kein Ding entgeht ihm. (Sir 42,15-20)

Wort zum Tag

„Du höchster, allmächtiger, guter Herr, kein Mensch ist würdig,
dich zu nennen." So beginnt Franz von Assisi seinen Sonnen-
gesang. Ich kann Gott mit tausend Namen nennen und kann
ihm doch nicht einen zuerkennen. Gott ist größer als alle Namen und Bilder. Aber wie soll ich ihn erfassen? Die Bibel sagt
uns: Alles im Himmel und auf Erde ist das Werk seiner Hände.
Wie jedes Kunstwerk die Handschrift eines Künstlers erkennen
lässt, so ist die ganze Schöpfung Gottes Schönschrift.

Paulus sagt auf dem Areopag zu den Weisen in Griechen-
land: „Er, der allen das Leben, den Atem und alles gibt, er hat
aus einem einzigen Menschen das ganze Menschenge-

schlecht erschaffen, damit es die ganze Erde bewohne. Er hat für sie bestimmte Zeiten und die Grenzen ihrer Wohnsitze festgesetzt. Ihr sollt Gott suchen, ob ihr ihn ertasten und finden könnt, denn keinem von uns ist er fern. In ihm leben wir, bewegen wir uns und sind, wie auch einige von euren Dichtern gesagt haben, von seiner Art."

„Keinem von uns ist er fern." Aber nur wenn wir aufmerksam leben, werden wir ihn berühren und spüren. Wir müssen Gott suchen, dann lässt er sich finden. Direkt werden wir ihn nie schauen können. Er ist zu strahlend für uns.
Wenn ich direkt in die Sonne schaue, dann bin ich eine Weile blind. Ihr Glanz ist zu strahlend für meine Augen. Wenn ich das Sonnenlicht sehen will, finde ich es nur, wenn es zurückstrahlt von den Dingen. Finsternis herrscht im Weltenraum, wenn kein Gegenstand einen Abglanz vom Licht widerspiegelt.

So ist es auch bei der Suche nach Gott. Nur ein Gleichnis entspricht unserem Erkennen. Wollten wir ihn direkt schauen, landen wir in der Nacht, wie die Mystiker es erfahren haben. Die vielen Namen sind nur Abbilder seiner Größe und Herrlichkeit. Auch Mohammed nennt 99 Namen Gottes. Aber alle Namensgebung umkreist ein unendliches Geheimnis, das keiner ganz erfassen kann.

Franz von Assisi ruft Gott in seinem „Te deum" mit allen Namen an, die Gottes Größe preisen. Er redet Gott mit Du an. Er wiederholt über 30-mal „Du bist". „Du bist der Starke, du bist der Große, du bist der Höchste." Dieses wiederholte „Du bist" gibt dem Lobpreis Rhythmus und Ruhe, eine Struktur, die den Beter in den Frieden führt.

Es gibt viele Wege zu Gott, auf denen wir ihn ertasten und spüren. Einer führt über die Natur. Für Franziskus waren Sonne und Mond, Wasser und Feuer, jede Ähre und jede Blume ein Lobpreis des Schöpfers. Die ganze Schöpfung war voller Gesang.

Man kann ja aus sehr unterschiedlichen Blickwinkeln die Schöpfung anschauen. Man kann wie ein Holzhändler durch den Wald gehen und jeden Baum daraufhin beurteilen, welche Möbel man daraus machen könnte. Das ist oft unser Verhältnis zur Natur, wir machen sie zum Objekt unseres Nutzens. Für Franziskus war die Schöpfung wie eine Leiter, die uns dem Himmel näherbringt. Das Schöne war ihm Abglanz Gottes. Jedes Kunstwerk pries den ewigen Künstler. In allen entzifferte er die Handschrift des Schöpfers.

Es gibt viele Wege zu Gott. Es gibt Menschen, die sind ergriffen von einem Orgelstück von Bach. Sie ahnen und spüren, wie das Geniale den Himmel berührt. Andere sind ergriffen von der Weite des Sternenhimmels. Andere bewundern ein Kunstwerk oder stehen entzückt vor einer technischen Erfindung. Der Mensch ist die Krone der Schöpfung. Noch kann man ihn nicht klonen. Und ich wünsche mir, dass man dies nie vermag. Jedes Kleinkind gewinnt unsere Bewunderung, wenn es anfängt, zu krabbeln oder zu sprechen. Bedenken wir: Der Mensch wird das „Ebenbild" Gottes genannt. Deshalb ist seine Würde unantastbar.

Ja, das Staunen möchte ich nicht verlernen. Staunen ist der Schlüssel, um einen Größeren zu preisen. Staunen ist der Anfang des Lobpreises. In alten Hymnen wird Christus das Licht genannt, das die Finsternis unserer Herzen vertreibt. Müssen wir tief in unsere Mitte einkehren, um zu ahnen, wer Christus ist? Was macht mein Leben, was macht meine Welt hell? Bei dem Dunkel in mir und in der Welt bewegt mich die Frage nach Licht und Sonnenschein. „Erleuchte mich Christus, du Ostersonne, und vertreib die Schatten aus meiner Seele!"

Es gibt viele Wege zu Gott. Die Dichterin Elizabeth Barrett Browning schreibt: „Die Erde ist mit Himmel vollgepackt und jeder gewöhnliche Busch brennt mit Gott. Aber nur der, der es sieht, zieht die Schuhe aus. Die anderen sitzen herum und pflücken Brombeeren."[35]

Wort durch den Tag
Zeichnen Sie mir Gott!, verlangte der Psychotherapeut.
Sie rief: Wie kann ich zeichnen, was ich nicht gesehen, nicht gefasst, nicht begriffen habe?

Er schwieg. Sein Gesicht blieb hart.
Unwirsch zog sie einen Kreis über Blatt und Tisch: Sonne, Erde, Gestirn oder irgendwelche Kugeln.

Nun geben Sie ihm einen Namen, bezeichnen Sie Gott!
ER ist zu groß, zu herrlich, murmelte sie, zu vollkommen – schön.
Ich finde keine Worte.

Denken Sie nach!
Wie lassen sich Vater und Mutter, Bruder und Schwester, Freund und Geliebter mit einem Namen benennen?
Sie verbarg ihr Gesicht mit den Händen und flüsterte: DU.[36]

Alles beginnt mit der Sehnsucht

Wort der Schrift

Gott, du mein Gott, dich suche ich, meine Seele dürstet nach dir. Nach dir schmachtet mein Leib wie dürres, lechzendes Land ohne Wasser. Darum halte ich Ausschau nach dir im Heiligtum, um deine Macht und Herrlichkeit zu sehen. (Ps 63,2-3)

Wort zum Tag

In den Psalmen ist die Sehnsucht des Menschen in Worte gefasst, die für alle Generationen gültig geblieben ist. Alles verändert und wandelt sich. Die großen Errungenschaften der Völker vergehen. Aber die Sehnsuchtssprache der Psalmen wird noch heute im Chor der Mönche gesungen oder als vertraute Zwiesprache mit Gott geflüstert.

Die Sprache der Sehnsucht ist das Gebet. Sprache ist Ausdrucksform und Entfaltung der immerwährenden Suche des Herzens. Sehnsucht im Gebet drückt sich als Hilferuf oder als Lobpreis, als Lebensdurst oder Sehnsucht nach mystischer Vereinigung aus. Im Buch der Psalmen finden wir unseren Gottesglauben zusammengefasst.

Diese Sehnsucht nach Lebenskraft und unzerstörbarer Hoffnung buchstabieren die Gebete der Psalmen, die wir „aus der Tiefe" zum Himmel hinaufschicken. „Wenn wir sagen, dass unsere Gebete wie himmlische Kinder, die von einer langen Reise zurückgekehrt sind, dann erinnern uns die Psalmen, dass wir auf der Reise sind – und sie halten das Ziel der Reise fest. Und sie lassen uns buchstäblich erfahren, dass wir nicht allein reisen" (nach Elie Wiesel).

Ein Schlüsselwort der Psalmen heißt: Sehnsucht. Schon der Prophet Jesaja hat diese Grundbefindlichkeit des Menschen vor Gott in Worte gefasst: „Meine Seele sehnt sich nach dir in der Nacht, auch mein Geist ist voll Sehnsucht nach dir" (Jes 26,9). Die Sehnsuchtssprache der Psalmen klingt so:

Psalm 63,2-3: „Gott, du mein Gott, dich suche ich, meine Seele dürstet nach dir. Nach dir schmachtet mein Leib wie dürres, lechzendes Land ohne Wasser. Darum halte ich Ausschau nach dir im Heiligtum, um deine Macht und Herrlichkeit zu sehen."
Psalm 38,10: „All mein Sehnen, Herr, liegt offen vor dir, mein Seufzen ist dir nicht verborgen."
Psalm 42,2-3: „Wie der Hirsch lechzt nach frischem Wasser, so lechzt meine Seele, Gott, nach dir. Meine Seele dürstet nach Gott, nach dem lebendigen Gott. Wann darf ich kommen und Gottes Antlitz schauen?"
Psalm 84,3: „Meine Seele verzehrt sich in Sehnsucht nach dem Tempel des Herrn. Mein Herz und mein Leib jauchzen ihm zu, ihm, dem lebendigen Gott."
Psalm 143,6: „Ich breite meine Hände aus (und bete) zu dir; meine Seele dürstet nach dir wie lechzendes Land."
Wie können wir uns Gott nähern? Der Psalm 27,8 zeigt diesen Weg: „Mein Herz denkt an dein Wort: ‚Sucht mein Angesicht!' Dein Angesicht, Herr, will ich suchen." Der verborgene Gott wartet darauf, dass wir ihn beharrlich suchen. Es wäre für uns schlimm, wenn wir in der Sehnsucht nach Gott erlahmen.
Mein Lieblingspsalm ist der Psalm 63. Ich spreche und singe ihn in der Laudes am Sonntagmorgen in der Gemeinschaft der Brüder im Klosterchor.
Die ersten Verse des Psalms sind mir zu einem Wiederholungsgebet geworden, zu einem Refrain, der meinen Alltag manchmal unterbricht. „Gott, du mein Gott", dich suche ich." Bei so vielen Ablenkungen des Alltags sammelt dies Wort und richtet

mich wieder aus. „Gott, du mein Gott." darf ich sprechen. Und ich bin gewiss, dass diese persönliche Beziehung zu „meinem" Gott mich in die Heils- und Beziehungsgeschichte Gottes mit den Menschen durch alle Generationen hineinnimmt.

Wort durch den Tag
Am Ende meiner Suchens steht nicht ICH, sondern DU – DU, mein Gott!
Das lehrt mich das Gedicht von Günter Kunert[37]:

Ich bin ein Sucher

Ich bin ein Sucher
Eines Weges
Zu allem was mehr ist
Als Stoffwechsel
Blutkreislauf
Nahrungsaufnahme
Zellenzerfall.
Ich bin ein Sucher
Eines Weges
Der breiter ist
Als ich.
Nicht zu schmal.
Kein Ein-Mann-Weg.
Aber auch keine
Staubige, tausendmal
Überlaufene Bahn.
Ich bin ein Sucher
Eines Weges
Für mehr
Als mich.

Gottes Sehnsuchtswege zu uns

Wort der Schrift

Und wie Mose die Schlange in der Wüste erhöht hat, so muss der Menschensohn erhöht werden, damit jeder, der (an ihn) glaubt, in ihm das ewige Leben hat. Denn Gott hat die Welt so sehr geliebt, dass er seinen einzigen Sohn hingab, damit jeder, der an ihn glaubt, nicht zugrunde geht, sondern das ewige Leben hat. (Joh 3,14-16)

Wort zum Tag

Heilsgeschichte ist eine Sehnsuchtsgeschichte

„Um unseres Heiles willen ist er vom Himmel herabgestiegen", heißt es im Glaubensbekenntnis. Gott thront nicht fern über Wolken. Er hat ein leidenschaftliches Interesse an uns Menschen. „Denn Gott hat die Welt so sehr geliebt, dass er seinen einzigen Sohn hingab, damit jeder, der an ihn glaubt, nicht zugrunde geht, sondern das ewige Leben hat. Denn Gott hat seinen Sohn nicht in die Welt gesandt, damit er die Welt richtet, sondern damit die Welt durch ihn gerettet wird" (Joh 3,16-17). Heilsgeschichte ist eine Sehnsuchtsgeschichte Gottes nach uns. Heilsgeschichte ist eine Liebeserklärung Gottes an uns Menschen.

Inkarnation ist der Sehsuchtsweg Gottes zu uns

Er ist Mensch geworden. Er hat nun ein Gesicht. Mit menschlichem Antlitz schaut er nach uns. Jedes Gesicht ist jetzt heilig. Wenn wir das verstehen wollen, dann müssen wir unseren Blick bekehren. Für diesen neuen Blick brauchen wir mehr und anderes als gesunde Augen oder gute Augengläser.

Der Blick des Herzens erkennt in jedem Gesicht den Glanz des Himmels. Jedes Gesicht ist eine Ikone Gottes. Nur in Ehrfurcht und Achtung können wir dann dem anderen begegnen. Jedes Gesicht ist außergewöhnlich, es gibt kein gewöhnliches Gesicht, kein Dutzendgesicht, denn jedes Gesicht ist eine Offenbarung des unendlichen Gottes. Jedes Gesicht ist eine Erscheinung des Herrn. Der Ort seiner Epiphanie ist das Gesicht des Menschen, ist der Stall, ist die Ohnmacht eines Kindes. Gott ist zum Staunen. Wenn wir ihm begegnen wollen, müssen wir uns tief bücken oder tief in uns hineingehen: bis zum Stall in uns. In den Schattengeschichten unseres Lebens ist der Ort, wo er sich finden lässt.

Das Kreuz - Sehnsuchtsweg Gottes

„Du brennender Gott in deiner Sehnsucht", schreibt die Mystikerin Mechthild von Magdeburg. Die Wunden des Gekreuzigten sind untrügliche Zeichen der Sehnsucht Gottes nach einem jeden von uns. Das Kreuz ist das deutlichste Zeichen der brennenden Sehnsucht Gottes nach uns. Schon am Ursprung seiner Offenbarung, dem brennenden Dornbusch, erscheint er in den Dornen. In der Tradition Israels erzählte man: „Gott hat den Berg verlassen und wählte den Dornbusch als Ort der Erscheinung, den Strauch, der voller Dornen und Stacheln war, weil er Israels Bedrängnis sah. Er nahm Anteil an ihrer Not." Der geringste Strauch, der hinterste Winkel, der letzte Platz ist gut genug als Ort der Erscheinung, als Wohnung für Gott.

Eucharistie ist der Sehnsuchtsweg Christi zu uns

„So sehr hat er die Welt geliebt", dass er sich als Stück Brot in unsere Hände ausliefert. Er macht sich klein und ohnmächtig, um auf den mühsamen Wegen unseres Lebens Nahrung und Kraftquelle zu sein. Das ist sein Sehnsuchtsweg der Liebe, die „Entäußerung". Franz von Assisi staunt über diese Demut Gottes. Er sagt: „Der Herr des Alls, Gott und Gottes Sohn demütigt sich. Für unser Heil verbirgt er sich in der winzigen Gestalt des Brotes. Seht die Demut Gottes!"[38]

Das Schlüsselwort zum Verständnis der Liebe Gottes hören wir in jeder Eucharistiefeier: „Pro vobis" – „Mein Leben für euch hingegeben – Mein Blut für euch und für alle vergossen". Kann man ein solches Lebensopfer überhaupt annehmen? Je länger ich darüber nachgedacht habe, umso mehr hoffe ich, dass einer für mich eintritt und im Notfall alles riskiert. Ich wünsche mir: einer für den anderen! Wenn niemand mehr einen Finger für mich krümmt, wie kann ich dann leben? Dass wir im Notfall füreinander einstehen, das ist die Sehnsucht unserer Zeit, wo so viele allein über die Runden kommen müssen. Einer für den anderen – das kann ich nicht fordern, das bekomme ich geschenkt. „Es gibt keine größere Liebe, als wenn einer sein Leben für seine Freunde hingibt" (Joh 15,13).

Wort durch den Tag
Können Sie nachvollziehen, dass Franz von Assisi vor dem Wunder der Eucharistie ausruft: „Seht die Demut Gottes!"

39. Tag · Karfreitag

Der Gekreuzigte schaut mich an

Wort der Schrift

Er war Gott gleich, hielt aber nicht daran fest, wie Gott zu sein, sondern er entäußerte sich und wurde wie ein Sklave und den Menschen gleich. Sein Leben war das eines Menschen; er erniedrigte sich und war gehorsam bis zum Tod, bis zum Tod am Kreuz. Darum hat ihn Gott über alle erhöht und ihm den Namen verliehen, der größer ist als alle Namen, damit alle im Himmel, auf der Erde und unter der Erde ihre Knie beugen vor dem Namen Jesu und jeder Mund bekennt: „Jesus Christus ist der Herr" – zur Ehre Gottes, des Vaters. (Phil 2,6-11)

Wort zum Tag

„Das Kreuz ist mein Buch. Ein Blick zum Kreuz sagt mir in jeder Situation, was ich zu tun habe." Das ist ein Wort des heiligen Bruders Konrad, der in Altötting 40 Jahre Dienst an der Klosterpforte tat. Wonach richten wir unser Leben aus?

In ungezählten Büchern ist das Wissen der Menschen aufgeschrieben. Wir lesen, wir lernen, wir informieren uns. Das Zeichen des Kreuzes spricht seine eigene Sprache. Wenn ich das Kreuz anschaue, wenn ich seine Botschaft buchstabiere, kann ich erfahren: Gott ist keine kalte, stumme Himmelsmacht, die sich selbst genügt und uns von oben gute Ratschläge erteilt. Im Gekreuzigten hat Gott die Gestalt der gequälten Kreatur angenommen. An den Balken genagelt, nackt, verspottet, zerschlagen, hat er den Tod erlitten. Das Kreuz sagt: Er hat am eigenen Leib erfahren, was Menschen bedrückt und ängstigt. In aller Not ist Gott uns nah.

Das Kreuz ist die „Entäußerung" des Gottessohnes, der sich erniedrigt in einer doppelten „Entäußerung" von Krippe und Kreuz: „Er wurde wie ein Sklave und den Menschen gleich" und „Er war gehorsam bis zum Tod, bis zum Tod am Kreuz." Am Kreuz erkennen wir nicht einen allmächtigen, sondern einen entmächtigten Gott. Es ist nicht ein Gott, der das Leiden dieser Welt mit einem Machtwort fortzaubern kann, sondern einer, der selbst zum Opfer des Leidens geworden ist. Das Kreuz offenbart uns den leidenden Gott; es macht die verborgene Wunde des göttlichen Herzens sichtbar.

Der Weg der Menschheit gleicht bis heute einem Kreuzweg. Tag für Tag kommen neue Kreuzwegstationen dazu. Wir alle verurteilen und kreuzigen, indem wir Menschen verspotten, abschreiben, fertigmachen: „Du bist restlos veraltet!" – „Du bist noch viel zu jung!" – „Du hast mir nichts mehr zu sagen!" Es gibt viele Schauplätze moderner Kreuzigungen. Wir haben jährlich 14.000 Selbstmorde in Deutschland. Eine Zahl! – Das Schicksal des Einzelnen wird uns dabei nicht bewusst. Wenn ich das Kreuz anschaue, heißt das für mich nicht: alles Leid in Ergebung zu tragen. Im Gegenteil! Das Kreuz anschauen, heißt: Leidende vom Leid erlösen, Menschen vom Kreuz holen. Unsere Antwort heißt: tragen helfen, mittragen, wo immer wir den Kreuzträgern unserer Tage begegnen. Mitleid allein genügt nicht. Nur mit Worten zu protestieren, reicht nicht. Wir müssen uns zu ihnen stellen, auf ihrer Seite sein. Jede Tat der Liebe verändert die Welt.

Das Kreuz ist mein Buch. Das Kreuz ist für mich das Zeichen der Hoffnung. Was bleibt mir vom Leben? Nur, was ich aus Liebe gegeben habe, das bleibt. Denn die Liebe eines Menschen kann man nicht begraben. Auch damals, als sie Jesus kreuzigten, schien die Rechnung aufzugehen. Mit Jesus hatten sie Schluss gemacht. Doch die Liebe eines Menschen kann man nicht begraben.

Jesus, der sein Leben gab, um andere zu retten, wurde von Gott errettet. – Der Gekreuzigte lebt.

Wort durch den Tag

Können Sie damit etwas anfangen?

„Das Kreuz ist mein Buch Ein Blick zum Kreuz sagt mir in jeder Situation, was ich zu tun habe."

„Das Kreuz anschauen heißt: Leidende vom Leid erlösen, Menschen vom Kreuz holen."

„Nur, was ich aus Liebe gegeben habe, das bleibt."

40. Tag · Karsamstag

Geheimnis des Glaubens

Wort der Schrift

Nicht dass ich es schon erreicht hätte oder dass ich schon vollendet wäre. Aber ich strebe danach, es zu ergreifen, weil auch ich von Christus Jesus ergriffen worden bin. Brüder, ich bilde mir nicht ein, dass ich es schon ergriffen hätte. Eines aber tue ich: Ich vergesse, was hinter mir liegt, und strecke mich nach dem aus, was vor mir ist. Das Ziel vor Augen, jage ich nach dem Siegespreis: der himmlischen Berufung, die Gott uns in Christus Jesus schenkt. (Phil 3,12-14)

Wort zum Tag

Wir feiern an Karfreitag in der Liturgie jenen Augenblick, als Jesus am Kreuz sein Leben aushauchte. Und wir feiern an Ostern die Auferstehung als jenen Moment, in dem Jesus in der Kraft des lebendigen Gottes die Fesseln des Todes löste. So feiern wir und alles bleibt Gegenstand von Liturgie und Meditation, alles bleibt bezogen auf Geschichte, auf damals vor 2000 Jahren.

Das würde sich in dem Augenblick ändern, wo wir Kreuz und Auferstehung als Beginn einer neuen Geschichte begreifen würden, als Prozess, der auch jetzt noch im Gang ist und in den wir Menschen auch heute mit einbezogen sind. „Kreuz und Auferstehung – ist das nicht viel mehr als ein tragischer, historischer Augenblick? Seine gekreuzigte Liebe schont sich nicht, er gibt sich hin, er verausgabt sich völlig, er gießt die Fülle seiner Liebe in das liebeleere Vakuum der Welt hinein: in Not und Tod, ins Nichts hinein, in die Erfahrung der Gottverlassenheit hinein, in alle Orte hinein,

wo die Liebe getötet ist und wo die Nichtliebe, der Hass herrscht. Das bedeutet letztlich nichts anderes als den Tod des Todes, das Ende der Not, den Anfang des Lebens!"[39]
„Auferstehung Christi ist nicht einfach ein Geschehen von gestern. Sie ist ein alle Zeiten umspannendes Heilsereignis. Die Auferstehung ereignet sich auch heute in unseren Herzen, unseren Händen. Gottes Geist verwandelt unser Leben ständig dadurch, dass er wie aus einer Quelle hervorsprudelt und alle Bereiche der Lebensentfaltung erfrischt (vgl. Röm 5,5). Christliche Mystik besteht darin, schöpferisch bei der Verwandlung der Welt mitzuwirken. Es gibt daher keine Kluft mehr zwischen den weltlichen und den heiligen Bereichen. Die ganze Schöpfung wird als Gottes Bereich verstanden."[40]
Im Licht der Auferstehung bekommt unser Leben eine göttliche Sinnweite. Wenn Menschen sich einsetzen für Gerechtigkeit, Frieden und Solidarität, nehmen sie Anteil am Werk des göttlichen Geistes. Initiativen zur Bewahrung der Schöpfung bekommen einen spirituellen Sinn. Jedes Engagement für das Heil und Wachstum der Menschen ist eine heilige Aufgabe. Schöpferische Tätigkeiten in Bereichen der Kunst oder Wissenschaft, Kultur oder Politik erhalten eine göttliche Bestimmung. Dies alles bedeutet aktive Teilnahme des Menschen an der vom göttlichen Geist getragenen kosmischen Auferstehung.

Wort durch den Tag
Aber das Reich Gottes hat erst begonnen. Die Vollendung schenkt Gott. Doch der Mensch hat seinen ureigenen Auftrag, die Erde nicht auszubeuten, sondern ihr ein menschliches Gesicht zu geben. Wir sind noch unterwegs. So kann das Wort wahr sein: SUCHEN ist das wichtigste Wort unseres Jahrhunderts. Das II. Vatikanische Konzil hat gezeigt, wie man eine uralte Institution erneuern kann. Ich hoffe mit vielen auf eine vom Heiligen Geist inspirierte Zukunft.

Ostern

Wer Ostern kennt, kann nicht verzweifeln

„Ein Glaube, der nicht hofft, ist krank … Und es ist keine Schande zu hoffen, grenzenlos zu hoffen … Und warum sollten wir uns unserer Hoffnung schämen? Nicht unserer Hoffnungen werden wir uns einstmals zu schämen haben, sondern unserer ärmlichen und ängstlichen Hoffnungslosigkeit, die Gott nichts zutraut … Je mehr ein Mensch zu hoffen wagt, desto größer wird er mit seiner Hoffnung. Der Mensch wächst mit seiner Hoffnung."

Dietrich Bonhoeffer[41]

Dann wird auch das Wort von Dietrich Bonhoeffer verständlich:

„Wer Ostern kennt, kann nicht verzweifeln"

Bildnachweis

S. 9: © Melanie Kirchner
S. 21: © Götz Friedrich, pixelio.de
S. 41: © Melanie Kirchner
S. 59: © Daniel Stricker, pixelio.de
S. 79: © Katharina Bregulla, pixelio.de
S. 98: © wikipedia
S. 101: © Melanie Kirchner
S. 121: © Daniel Stricker, pixelio.de
S. 140: © Kornelia Fischer, pixelio.de

Anmerkungen

[1] Christian Morgenstern, Stufen, Kap. 3 (1906), Verlag Pieper (1928).

[2] Benedikt XVI., „Deus caritas est", Jesus Christus – die fleischgewordene Liebe Gottes.

[3] J. A. Jewtuschenko, Herzstreik, Gedichte, Europa, Hamburg, 1996.

[4] Hartmut Rosa, „Beschleunigung", Suhrkamp-Verlag.

[5] Bergmann, Wolfgang: Lasst eure Kinder in Ruhe! Gegen den Förderwahn in der Erziehung, Kösel Verlag, 142 S., ISBN 978-3-466-30908-5.

[6] Vanier, Jean, Heilen, was gebrochen ist, Freiburg 1990.

[7] Notker Wolf, Jetzt ist die Zeit für den Wandel, Verlag Herder, Freiburg i.Br. 2012, S. 9.

[8] Thomas Dienberg, Auf der Suche, in: Jahresschrift der Kapuziner 2011–2012.

[9] Frank Rieger, Bald wird alles anders sein, Frankfurter Allgemeine, 18. Mai 2012.

[10] „Welt am Sonntag" am 13. Nov. 2011.

[11] Manfred Spitzer, Digitale Demenz, Weltbild 2012.

[12] aus: Jörg Alt/Samuel Drempetic: Lehren aus den aktuellen Weltkrisen. Ein Bericht einer Tagung der Kath. Hochschulgemeinde, der Jesuiten-

mission und dem Centrum für globales Lernen in Nürnberg. Echter Verlag 2012.

[13] Dies., S.12.

[14] Dies.

[15] Antoine de Saint-Exupéry, Die Stadt in der Wüste „Citadelle", Ullstein, 1996.

[16] Teilhard de Chardin, Lobgesang des Alls (Die Messe über die Welt), 6. Aufl. Olten, Freiburg 1980.

[17] Prof. Dr. Edeltraud Bülow, privat veröffentlicht.

[18] Sabine Dankbar, Karriere oder Jakobsweg, ©Laumann Verlag, Dülmen, 2. Aufl. 2012.

[19] Friedrich Nietzsche, Also sprach Zarathustra, Teil II, von den Priestern, S. 123, Bibliothek der Philosophie, Hrsg. v. Alexander Heine, Band 15, S. 123.

[20] Hannelie Jestädt, Traumtänze – Gott in unserer Mitte finden, Viersen 2006 (vergriffen).

Hannelie Jestädt, Neue Traumtänze – dem Gott des Lebens begegnen, Münster, erscheint im Frühjahr 2013.

[21] aus: Helder Camara, Mach aus mir einen Regenbogen, Zürich 1981, 44.

[22] Von Sebastian Painadath, in: Christ in der Gegenwart 13/97, S. 108–109.

[23] Christine Busta (1915–1987), österreichische Lyrikerin (Quelle unbekannt).

[24] Klara Obermüller, „Ganz nah und weit weg", Rex-Verlag, Luzern/ Stuttgart 1982, S. 34.

[25] Werner T. Huber, „Dorothea – Die Ehefrau des hl. Niklaus von Flüe", Universitätsverlag, Freiburg/Schweiz, 1994, Seite 276.

[26] Bülow, Edeltraud, Single oder Eremit? Über die Berufung zur Einsamkeit. Ein alternativer Lebensentwurf im Kontext des Evangeliums. (Erscheint im LIT Vlg. Münster).

[27] Soli Deo – Gott allein: ein Leitsatz des hl. Franziskus.

[28] Joh 7,30; 8,20.

[29] Biografische Theologie könnte ein neues Paradigma der Theologie(n) sein, wenn sie von ihren Gegnern nicht mit dem Subjektivismus-Verdacht belegt wäre. Aber berühmte Namen sind mit ihr verbunden wie z. B. J. B. Metz, John Henry Newman, Michael Schneider, Josef Wittig u. a.

[30] Dass bereits die Evangelien als Vorläufer, wenn nicht als Modell der biografischen Theologie gelten können, zeigt. K. Berger (Siehe Anm. 3 in Bülow Edeltraud, Single oder Eremit).

[31] Regula Benedicti – die Benediktusregel lateinisch/deutsch, hrsg. von der Salzburger Äbtekonferenz, Beuron: Beuroner Verlag 1992.

[32] Franziskus von Assisi, Das Testament eines Armen, hrsg. von L. Lehmann, Werl: Dietrich Coelde Verlag 1999: „Regel für Einsiedeleien": „Jene, die auf religiöse Weise in Einsiedeleien verweilen wollen, sollen zu drei oder höchstens zu vier Brüdern sein" (S. 120).

M. A. Leenen und M. Schlosser (s. dort) beziehen sich auch auf den canon 603/CIC, den Eremiten-Kanon, der seine endgültige Form 1982 erhalten hat (Leenen, S. 133).

[33] S. Bülow, E., Single oder Eremit? Hier ist die biografische Herleitung nachzulesen und wird das „Programm" vorgestellt.

[34] Martin Buber, Die Erzählungen der Chassidim, Manesse Verlag Zürich, 11. Aufl. 1990, S. 191.

[35] Elizabeth Barrett Browning, The Poetical Works, New York 1910

[36] Bruno Stephan Scherer, in: Paul K. Kurz, Wem gehört diese Erde?, Mainz 1984, 182.

[37] Quelle unbekannt.

[38] Epitola toti Ordini missa, 23–29.

[39] Anton Rotzetter; Im Kreuz ist Leben, Paulus-Verlag, Freiburg/Schweiz, S 100.

[40] Sebastian Painadath, in: Christ in der Gegenwart 13/97, S. 108–109.

[41] Dietrich Bonhoeffer, Bonhoeffer Brevier, 27. November.